Reform der EU-Zuckermarktordnung

T0316883

Europäische Hochschulschriften

Publications Universitaires Européennes
European University Studies

Reihe V
Volks- und Betriebswirtschaft

Série V   Series V
Sciences économiques, gestion d'entreprise
Economics and Management

Bd./Vol. 3193

PETER LANG

Frankfurt am Main · Berlin · Bern · Bruxelles · New York · Oxford · Wien

Ulrich Müller von Blumencron

Reform der EU-Zuckermarktordnung

Kosten-nutzen-analytische Bewertung für die deutsche Zuckerwirtschaft

PETER LANG
Europäischer Verlag der Wissenschaften

Bibliografische Information Der Deutschen Bibliothek
Die Deutsche Bibliothek verzeichnet diese Publikation in der
Deutschen Nationalbibliografie; detaillierte bibliografische
Daten sind im Internet über <http://dnb.ddb.de> abrufbar.

Zugl.: Bonn, Univ., Diss., 2005

Gedruckt auf alterungsbeständigem,
säurefreiem Papier.

D 98
ISSN 0531-7339
ISBN 3-631-55255-6

© Peter Lang GmbH
Europäischer Verlag der Wissenschaften
Frankfurt am Main 2006
Alle Rechte vorbehalten.

Printed in Germany 1 2 3 4 6 7

www.peterlang.de

Vorwort

Die vorliegende Arbeit ist während meiner Zeit als externer Doktorand am Institut für Agrarpolitik, Marktforschung und Wirtschaftssoziologie der Rheinischen Friedrich-Wilhelms-Universität Bonn entstanden.

Meinen Dank beginnen möchte ich bei meinem Doktorvater Prof. Dr. Rudolf Wolffram. Seine fachliche Unterstützung, die ausdauernden Diskussionen, der gewährte Freiraum und insbesondere das mir entgegengebrachte Vertrauen haben sehr zum Gelingen der Arbeit beigetragen. Mein besonderer Dank gilt ihm jedoch auch für die menschliche Unterstützung, die er mir in mach schwieriger persönlicher Situation gab. Ebenfalls danken möchte ich Prof. Dr. Dietrich Born für die Übernahme des Korreferats.

Mein Dank gilt außerdem Frau Prof. Dr. Monika Hartmann, die mir durch ein Büro bzw. einen Rechner den Zugang zum Institutsnetzwerk ermöglichte und damit meine Arbeit enorm erleichterte. Außerdem möchte ich allen Mitarbeitern am Lehrstuhl für ihre Unterstützung und das angenehme Arbeitsklima danken. Die Diskussionen mit Herrn Dr. Helge Beyer waren der Arbeit sehr zuträglich und ohne die tatkräftige Unterstützung von Frau Christa Eiblmaier wäre das ein oder andere Schaubild sicherlich noch nicht erstellt.

Ganz besonders danken möchte ich auch meiner Familie, insbesondere meiner Frau und meinen Eltern, die mir immer den erforderlichen Rückhalt gegeben und unterstützend zur Seite gestanden haben.

Bonn im Dezember 2005   Ulrich Müller von Blumencron

Deutsche Kurzfassung

Reform der EU-Zuckermarktordnung – kosten-nutzen-analytische Bewertung für die deutsche Zuckerwirtschaft

Die derzeitige EU-Zuckermarktordnung hat zu gravierenden gesamtwirtschaftlichen Fehlentwicklungen geführt. Im Vordergrund stehen u.a. die Überschusssituation, die hohe finanzielle Belastung der Konsumenten und die Störung des internationalen Handels. Vor diesem Hintergrund und der laufenden Klage bei der WTO gegen die EU-Zuckerexportpolitik, hat die EU-Kommission unterschiedliche Konzepte zur Reform des EU-Zuckermarktes vorgelegt. Ziel der Arbeit ist es, die Auswirkungen dieser Reformkonzepte auf die deutsche Zuckerwirtschaft zu analysieren. Folgende drei Konzepte werden in die Analyse einbezogen: (I) Senkung der Quotenmengen und des Interventionspreises, (II) Aufhebung der Binnenmarktregelungen bei Aufrechterhaltung des Außenschutzes und (III) Vollkommene Liberalisierung des EU-Zuckermarktes.

Grundlage der Untersuchung bilden Kosten-Nutzen-Analysen. Im Rahmen der Untersuchung werden mit Hilfe eines komparativ-statischen Modells zunächst die einzelbetrieblichen Grenzkosten der Landwirtschaft und Zuckerindustrie ermittelt. Aus deren Addition ergeben sich die standortbezogenen Gesamt-Grenzkosten der deutschen Zuckerwirtschaft, die zur Angebotsfunktion aggregiert werden. In Verbindung mit der als vollkommen preisunelastisch unterstellten Zuckernachfragefunktion lassen sich die gesamtwirtschaftlichen Kosten- und Nutzenelemente der Reformkonzepte abbilden.

Ausgehend vom Kriterium „Änderung der gesamtwirtschaftlichen Wohlfahrt" ist Konzept II mit 630 Mio. € den Konzepten I (432 Mio. €) und III (543 Mio. €) überlegen. Die relativ geringen Unterschiede zwischen den Konzepten zeigen jedoch, dass neben diesem Bewertungskriterium eine differenziertere Betrachtung der Effekte erforderlich ist. Folgende weitere Vorteile des Reformkonzeptes II lassen sich herausstellen:

1. Einhaltung der WTO-Verpflichtungen. Die marktwirtschaftlichen Rahmenbedingungen ermöglichen der EU die Konformität mit allen Vereinbarungen des derzeitigen sowie eines ggf. zukünftig verschärften WTO-Abkommens.
2. Wegfall der durch die Zuckerexporte bedingten volkswirtschaftlichen Verluste. Da die Exportsubventionen entfallen, ist die Überschussproduktion zum Weltmarktpreis unwirtschaftlich.
3. Versorgungssicherung bei dem Notwendigkeitsgut Zucker. Die Aufrechterhaltung der inländischen Zuckerproduktion auf reduziertem Niveau begrenzt die Abhängigkeit von der Weltmarktsituation mit allen Versorgungs- und Preisrisiken.
4. Erwirtschaftung von Produzentenrentengewinnen, trotz sinkender Preise, durch Verbesserung der Produktionsstrukturen. Die Gewinne basieren - im Gegensatz zu Konzept I - nicht auf staatlichen Ausgleichszahlungen, sondern werden durch eine Verbesserung der Produktionsstrukturen in der Landwirtschaft sowie eine höhere Kapazitätsauslastung in der Zuckerindustrie erwirtschaftet. Erhebliches Kostensenkungspotenzial besteht darüber hinaus in einer Verbesserung der Verarbeitungsstrukturen.

English Summary

Reform of the EU-Sugar-Policy – cost-benefit-analysis for the German sugar market

The current EU-Sugar-Policy is leading to serious macroeconomic problems. These regard e.g. to the surplus-production, the high financial burden of the consumers and the disturbance of the international trade. Against this background and the interim judgment of the WTO Sugar-Panel about the EU sugar export policy, the EU-Commission made different proposals to reform the EU-Sugar-Policy. The aim of this work is, to analyze and appraise the macroeconomic influences of the different reform proposals on the German sugar economy as well as the microeconomic influences on the beet farmers and the sugar processing industry. Three concepts are to be analyzed:

Proposal I: Reduction of the quota amount and the market price

Proposal II: Liberalization of the domestic market at perpetuation of the tariff protection

Proposal III: Total liberalization.

The basis of this work is the cost-benefit-analysis. In the context of the analysis, at first, the marginal costs of the beet production and the sugar processing are calculated with a statistical model and added to the regional total costs of sugar production. On basis of the aggregation of regional production costs the supply function is estimated. In consideration of this function and the price-inelastical sugar demand, the macroeconomic costs and benefits of the different reform concepts are analyzed and appraised.

In reference to the assessment criterion "change of macroeconomic welfare", concept II with 630 Mil. € is superior to concept I (432 Mil. €) and concept III (543 Mil. €). However, the relatively marginal differences between the concepts show that beside this assessment criterion a more differentiated examination of the effects is needed. The following further advantages are to point out:

- Compliance with WTO-obligations. The EU is able to comply with all recent and as the case may be future more tightened WTO trade-restrictions.
- Abolition of the macroeconomic lost caused by sugar exports. The surplus-production for the world-market is not profitable without export subsidies.
- Assurance of the supply with the necessity good sugar. The maintenance of the sugar production limits the risk of the world-market situation.
- Generation of producer surplus although prices are declining. The surplus in concept II is based on the improvement of the production structures, which increases the competitiveness in comparison with international standards, instead of decoupled compensation payments as in concept I.

Inhaltsverzeichnis

X

XII

Verzeichnis der Schaubilder

XIV

Verzeichnis der Übersichten

Verzeichnis der Abkürzungen

€	Euro (Europäische Währungseinheit)
/a	per anno
a.a.O.	am angeführten Ort
abzgl.	abzüglich
AF	Ackerfläche
BB	Brandenburg
Bd.	Band
BMELF	Bundesministerium für Ernährung, Landwirtschaft und Forsten
BRD	Bundesrepublik Deutschland
bspw.	beispielsweise
BW	Baden-Württemberg
BY	Bayern
ca.	circa
c.p.	ceteris paribus
d.h.	das heißt
Diss.	Dissertation
dt	Dezitonne(n)
EAGFL	Europäischer Ausrichtungs- und Garantiefonds für die Landwirtschaft
EG	Europäische Gemeinschaften
et. al.	et alii, und andere
etc.	et cetera
EU	Europäische Union
evtl.	eventuell
f./ff.	folgende/fortfolgende
fob	free on board
GAP	Gemeinsame Agrarpolitik
GATT	General Agreement on Tariffs and Trade
ggf.	gegebenenfalls
ha	Hektar
HE	Hessen
i.d.R.	in der Regel
inkl.	inklusive
insg.	insgesamt
IP	Interventionspreis
Jg.	Jahrgang
KND	Kosten-Nutzen-Differenz
KR	Konsumentenrente
KTBL	Kuratorium für Technik und Bauwesen
ldw.	landwirtschaftlich
LF	Landwirtschaftliche Nutzfläche
Mio.	Million(en)
MOEL	Mittel und osteuropäische Länder

MV	Mecklenburg-Vorpommern
MwSt.	Mehrwertsteuer
Mrd.	Milliarde(n)
NI	Niedersachsen
NW	Nordrhein-Westfalen
o.a.	oben angeführten
p.a.	per Anno
PR	Produzentenrente
qkm	Quadratkilometer
RP	Rheinland-Pfalz
SH	Schleswig-Holstein
SN	Sachsen
ST	Sachen-Anhalt
sog.	so genannte
Σ	Summe
SVG	Selbstversorgungsgrad
t	Tonne(n)
TH	Thüringen
u.a.	unter anderem
USA	United States of America
u.U.	unter Umstand
v.H.	vom Hundert
vgl.	vergleiche
WMP	Weltmarktpreis
WTO	World Trade Organisation
ZMO	Zuckermarktordnung
z.T.	zum Teil
zzgl.	zuzüglich
z.Z.	zur Zeit

1 Einleitung

1.1 Problemstellung

Die bestehende EU-Zuckermarktordnung trat 1967 in Kraft und wurde trotz - der Reformen der Gemeinsamen Agrarpolitik (GAP) von 1992 sowie deren Fortsetzung im Rahmen der Agenda 2000 und der GAP-Reform 2003 - bisher nicht wesentlich geändert. Die gegenwärtig noch gültigen zuckermarktpolitischen Regelungen[1] laufen jedoch im Jahr 2006 aus. Bis dahin müssen unterschiedliche Konzepte zur Reform der EU-Zuckermarktordnung geprüft und ein Beschluss über eine Neuregelung gefasst werden. Dabei reicht die Bandbreite möglicher Maßnahmen von einer Verlängerung der bisherigen Regelung bis hin zur vollkommenen Liberalisierung des Zuckermarktes.

Während die Zuckerwirtschaft für eine Verlängerung der derzeitigen Zuckermarktordnung plädiert, fordern Vertreter anderer Gruppen tiefgreifende Reformen im EU-Zuckersektor. So üben insbesondere Wissenschaft und Verbraucherverbände z.T. scharfe Kritik an der gegenwärtigen Marktpolitik und zeigen die Notwendigkeit einer umfassenden Reform des EU-Zuckersektors auf. Mehrere wissenschaftliche Untersuchungen[2] führen zu dem Ergebnis, dass die EU-Zuckermarktordnung gravierende gesamtwirtschaftliche Fehlentwicklungen zur Folge hat. Dabei stehen folgende Probleme im Vordergrund:

1. Erhebliche Überschussproduktion. Trotz Kontingentierung werden hohe Überschüsse erzeugt. Der subventionierte Absatz dieser Überschüsse auf dem Weltmarkt stört den internationalen Handel und verzerrt die Faktorallokation sowohl der EU- als auch der Weltzuckererzeugung.

2. Starke Einschränkung des Wettbewerbs. Die Kontingentierungsregelung behindert den Strukturwandel in der EU-Zuckererzeugung. Darüber hinaus verschafft sie den Erzeugern aufgrund fehlenden Wettbewerbs zusätzliche Preismargen beim Absatz des Zuckers.

3. Starke Verzerrung der Einkommen zu Gunsten des Zuckerrübenanbaus. Durch die Heraushebung des Interventionspreises für Zucker bzw. des Preises für Zuckerrüben in Verbindung mit einem hohen Außenschutz aus dem allgemeinen Preisgefü-

---

[1] Verordnung (EWG) Nr.1009/67 des Rates vom 18. Dezember 1967 über die gemeinsame Regelung der Organisation des Zuckermarktes (Abl. Nr. 308 vom 18. Dezember 1967).

[2] Render, H.: Ein Strukturkonzept zur Verbesserung der Wettbewerbsstellung der norddeutschen Zuckerwirtschaft. Diss., Universität Bonn 1988. - Mahler, P.: Effizienzverluste in der deutschen Zuckerwirtschaft durch strukturkonservierende Wirkungen der EG-Zuckermarktordnung. Diss., Universität Hohenheim 1991. - Schröder, J.: Maßnahmen zur Verbesserung der Effizienz der EG-Zuckermarktpolitik. Diss., Universität Bonn 1991. - Wissenschaftlicher Beirat beim BML: Vorschläge für eine grundlegende Reform der EG-Zuckermarkt-politik. Schriftenreihe des BML, Reihe A: Angewandte Wissenschaft, Heft 430, Landwirtschaftsverlag GmbH, Münster 1993. - Oxfam International: The Great EU Sugar Scam. Internet: http://www.maketrade-afair.com/assets/english/27sugar.pdf (zuletzt am 10. Januar 2003).

ge, insbesondere gegenüber dem Getreide, erzielen die Landwirte mit dem Zuckerrübenanbau einen wesentlich höheren Gewinn.

4. Hohe Belastung der Konsumenten. Mit dem im Vergleich zum Weltmarktpreis deutlich erhöhten EU-Marktpreis für Zucker finanzieren die Konsumenten hohe Gewinne an Produzentenrente und die Exportsubventionen für den erheblichen Zuckerüberschuss.

5. Ineffizienz der Präferenz-Zucker-Regelungen. Diese Regelungen, u.a. die Afrika-Karibik-Pazifik-Regelung (AKP-Regelung), gelten als ineffizient[3].

Zwar sind die o.a. grundsätzlichen Probleme der EU-Zuckermarktpolitik - insbesondere die gesamtwirtschaftlichen Fehlentwicklungen - bekannt, Maßnahmen zu deren Korrektur wurden bisher jedoch nicht ergriffen. Dies könnte sich nach Ansicht des Bundesministerium für Verbraucherschutz, Ernährung und Landwirtschaft (BMVEL) allerdings im Zuge der Umsetzung der Reform im Rahmen der Halbzeitbewertung der Agenda 2000 (des Midterm-Reviews[4]) ändern, in der erstmals festgehalten wurde, dass - neben Ackerkulturen, Rind-, Schaf-, und Ziegenfleisch sowie Milch - auch Zucker in die Reform der GAP einbezogen werden soll. Begründet wird dies in erster Linie mit den handelsverzerrenden Wirkungen der Zuckermarktordnung in deren Folge sich umfangreiche welthandelspolitische Konflikte entwickelt haben. Vor diesem Hintergrund fordern vor allem die Länder der sog. „Cairns-Gruppe"[5], einer Gruppe einflussreicher Länder in der World-Trade-Organization (WTO), eine umfassende Liberalisierung des europäischen Zuckersektors.

Aus diesen Gründen wird spätestens mit Auslaufen der derzeitigen Marktpolitik im Jahr 2006 der dringende Reformbedarf der EU-Zuckermarktordnung offensichtlich. Als erster Schritt in Richtung einer stärkeren Liberalisierung des Zuckermarktes und damit als Signal kann der Beschluss der EU-Außenminister vom 28. Februar 2001[6] gewertet werden. Dieser sieht eine Zollbefreiung für den Import landwirtschaftlicher Produkte einschließlich Zucker ab dem Jahr 2009 aus den am wenigsten entwickelten Ländern („Least Developed Countries"[7] = LDC) vor. Zu einer zusätzlichen Verschärfung des Reformdrucks auf die derzeitige Marktordnung könnte zudem die Klage Bra-

---

[3] Wolffram, R. und K. Beckers: Das AKP-Zuckerabkommen. Verlag Peter Lang, Frankfurt a. M. 1989.
- Tangermann S.: Die Zukunft der Handelspräferenzen für Entwicklungsländer bei Agrarprodukten im Rahmen der WTO-Verhandlungen. Schriften der Gesellschaft für Wirtschafts- und Sozialwissenschaften e.V., Bd. 37, Münster 2001, S. 217-228.

[4] BMVEL: Position der Bundesregierung zur Zwischenbewertung der Agenda 2000. Internet: http:www.verbraucherministerium.de/.../agenda-2000-zwischenbewertung-27-2-2002.html (zuletzt am 27. Februar 2002).

[5] Argentinien, Australien, Brasilien, Chile, Fidji-Inseln, Indonesien, Kanada, Kolumbien, Malaysia, Neuseeland, Paraguay, Philippinen, Südafrika, Thailand und Uruguay.

[6] Verordnung (EG) Nr. 416/2001 des Rates vom 28. Februar 2001 zur Ausweitung der Zollbefreiung ohne Mengenbeschränkung auf Waren mit Ursprung in den am wenigsten entwickelten Ländern (Abl. EG Nr. L 60 vom 1. März 2001).

[7] Die Definition der am wenigsten entwickelten Länder erfolgt durch die Vereinten Nationen. Insgesamt zählen dazu 48 Länder, von denen 39 gleichzeitig auch sog. AKP-Staaten sind.

siliens, Australiens und Thailands[8] vor der WTO bewirken. Ein Schiedsgericht der WTO, das sog. Zucker-Panel, muss klären, ob die EU gegen wesentliche Vereinbarungen des WTO-Abkommens verstößt.

1.2 Zielsetzung

Vor dem Hintergrund der o.a. Probleme auf den Zuckermärkten besteht das Ziel dieser Arbeit darin, die Auswirkungen verschiedener Konzepte zur Reform der EU-Zuckermarktpolitik auf die deutsche Zuckerwirtschaft zu untersuchen und zu beurteilen. Dazu sollen folgende vier Fragen beantwortet werden:

1. Welche derzeitigen und zukünftigen marktwirtschaftlichen Rahmenbedingungen bestimmen die Zuckerproduktion aus Zuckerrüben?

Neben der Analyse und Bewertung der gegenwärtigen Versorgungssituation, des Handels und der Preisentwicklung erfolgt unter besonderer Berücksichtigung der EU-Zuckermarktordnung eine Beurteilung der zukünftigen Entwicklungen auf den Welt- und EU-Märkten für Zucker.

2. Welche Determinanten bestimmen die regionalen Produktionskosten der deutschen Zuckerwirtschaft?

Grundlage für die Ermittlung der regionalen Produktionskosten bildet die Analyse der Herstellungskosten von Zucker, differenziert nach Zuckerrübenerzeugung und -verarbeitung. Dazu werden die Bestimmungsfaktoren sowie ihr Einfluss auf die Kosten der Zuckererzeugung untersucht. Auf der Basis von Normdatenwerken, betrieblichen Auswertungen und Statistiken werden standardisierte, standortbezogene Produktionskosten der Zuckerherstellung berechnet.

3. Welche Auswirkungen resultieren für die deutsche Zuckerwirtschaft aus einer Umsetzung der Reformkonzepte und wie kann sie sich den veränderten Rahmenbedingungen anpassen?

Hierzu werden die unterschiedlichen agrarpolitischen Konzepte zur Reform der EU-Zuckermarktordnung vorgestellt und deren Wohlfahrtseffekte theoretisch abgeleitet. Darauf aufbauend erfolgt die empirische Analyse der Maßnahmeneffekte. Grundlage bildet die Ermittlung der Grenzkostenfunktionen der deutschen Zuckerwirtschaft, differenziert nach Zuckrübenerzeugung und -verarbeitung, um die theoretisch ermittelten Kosten- und Nutzenänderungen zu quantifizieren.

4. Wie sind die Ergebnisse der Kosten-Nutzen-Analyse der unterschiedlichen Reformkonzepte aus gesamtwirtschaftlicher und einzelbetrieblicher Perspektive vergleichend zu bewerten und welche Schlussfolgerungen lassen sich daraus ableiten?

Abschließend werden die Auswirkungen der Konzepte einer vergleichenden Analyse unterzogen, die eine Beurteilung der Konzepte sowohl im Vergleich zur Referenzsi-

---

[8] N.N.: Druck auf EU-Zuckerindustrie wächst. „Frankfurter Allgemeine Zeitung", Nr. 204, 3. September 2003, S. 18.

tuation als auch untereinander ermöglicht. Aus den Ergebnissen wird eine Rangfolge hinsichtlich der Vorzüglichkeit der Maßnahmen abgeleitet. Die Bewertung erfolgt dabei aus gesamtwirtschaftlicher Perspektive. Zusätzlich werden die einzelbetrieblichen Effekte in den Zuckerrüben anbauenden und verarbeitenden Betrieben untersucht und beurteilt.

2 Marktwirtschaftliche Rahmenbedingungen der Zuckerproduktion aus Zuckerrüben

Die Rahmenbedingungen der deutschen Zuckerproduktion werden durch die Versorgungssituation auf den Welt- und EU-Märkten bestimmt. Auf dem EU-Markt sind darüber hinaus die Regelungen der EU-Zuckermarktordnung von großer Bedeutung. Internationale Verpflichtungen im Rahmen des WTO-Abkommens, die insbesondere die Ausgaben für Exporterstattungen sowie die subventionierten Exportmengen begrenzen, schränken den agrarpolitischen Handlungsspielraum zusätzlich ein.

2.1 Die Versorgungssituation auf dem Welt-Zuckermarkt

Schaubild 1 zeigt die Versorgungssituation für Zucker in den Jahren 1990/91 bis 2002/03.

Schaubild 1 - Die Entwicklung der Versorgungssituation und des Handels auf dem Weltmarkt für Zucker in Mio. t Ww (1990/91-2002/03)

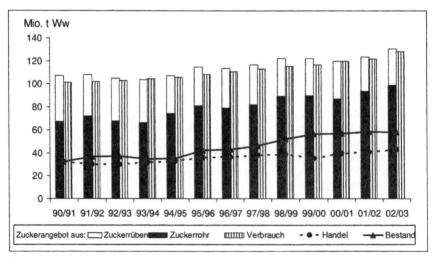

Quelle: F.O. Licht: F.O.Licht's International Sugar and Sweetener Report World Sugar Balances. Ratzeburg, versch. Jgg.

Die Entwicklungstendenzen des Angebots, der Nachfrage, des Handels, der Lagerhaltung sowie der Versorgungssituation auf den Weltmärkten weisen Schaubild 1 und Übersicht 1 aus. Zusammenfassend werden folgende Punkte herausgestellt:

1. *Das Angebot* stieg von 106 Mio. t (∅ 1990/91-1992/93) auf 123 Mio. t Weißzuckerwert (Ww) (∅ 1999/00-2001/02). Dieses entspricht einer jährlichen Zuwachsrate von ca. 2,1 v.H.. Dabei ist jedoch zu berücksichtigen, dass die Angebotsmengen in den einzelnen Jahren starken Schwankungen unterliegen, die bis zu 9,5 Mio. t Ww (z.B. 1994/95-1995/96) erreichen. Einen Überblick über die Struktur der Weltzuckerproduktion gibt Übersicht 1:

Übersicht 1 - Weltzuckerproduktion und -handel in 1.000 t Ww
(1999/00-2001/02)

	Zucker in 1.000 t Ww			
	2001/02	2000/01	1999/00	∅ 1999/00-2001/02[1]
Weltproduktion	**125.089,8**	**120.899,8**	**123.991,3**	**123.327,0**
Brasilien	20.636,6	16.682,1	17.122,7	18.147,1
Indien	17.054,8	18.498,0	16.245,6	17.266,1
EU	14.712,8	16.635,3	17.312,8	16.220,3
China	8.657,2	6.199,9	8.537,6	7.798,2
USA	6.760,2	7.299,6	7.594,4	7.218,1
Welthandel	**37.246,4**	**36.546,6**	**34.596,5**	**36.129,8**
Exporte	**24.141,0**	**22.165,9**	**23.891,2**	**23.399,4**
Brasilien	10.733,2	8.261,7	7.342,9	8.779,3
EU	3.860,0	5.510,0	6.633,0	5.334,3
Australien	3.507,0	2.696,2	3.935,6	3.379,6
Thailand	3.363,0	3.180,3	3.372,4	3.305,3
Kuba	2.677,8	2.517,7	2.607,3	2.600,9
Importe	**11.101,1**	**11.180,3**	**10.275,8**	**10.852,4**
Russland	4.508,0	4.675,3	3.956,0	4.379,8
EU	2.436,0	2.409,0	2.304,0	2.383,0
Japan	1.355,6	1.417,3	1.446,2	1.406,4
Süd Korea	1.397,2	1.364,7	1.307,4	1.356,4
Indonesien	1.404,3	1.314,0	1.262,2	1.326,9
1) Rangfolge nach durchschnittlichem Handelsvolumen.				

Quellen: F.O. Licht: a.a.O. - Schriftliche Mitteilung: Herr Dr. H. Ahlfeld, F.O. Licht, vom 4. April 2002.

- Die fünf größten Erzeugerländer für Zucker sind Brasilien mit 18 Mio. t Ww, Indien mit 17 Mio. t Ww, die EU mit 16 Mio. t Ww, China mit 8 Mio. t Ww und die USA mit 7 Mio. t Ww.

- Mit einer Produktionsmenge von 38 Mio. t Ww beträgt der Anteil dieser fünf Länder an der Welterzeugung ca. 31 v.H.

- Der Anteil des Rübenzuckers and der Weltzuckerproduktion ging im analysierten Zeitraum zugunsten des Rohrzuckers deutlich von 36,6 v.H. (1990/91) auf 24,9 v.H. (2001/02) zurück (vgl. Schaubild 1), weil bei konstanter Rüben-Zuckererzeugung die Rohr-Zuckererzeugung stark ausgedehnt wurde.

2. Die *Nachfrage* nach Zucker nahm - parallel zur Entwicklung der Erzeugung - im gleichen Zeitraum von 102 Mio. t Ww auf 119 Mio. t Ww zu. Der Anstieg betrug seit 1990/91 - bei nur geringen Abweichungen - kontinuierlich jährlich ca. 2 Mio. t Ww bzw. ca. 2 v.H.

3. Das *Welthandelsvolumen* stieg im Verlauf der Untersuchungsperiode stetig von ca. 31 Mio. t Ww im Jahr 1990/91 auf ca. 37 Mio. t Ww im Jahr 2001/02. Den Weltzuckerhandel charakterisieren dabei folgende Entwicklungen (vgl. Übersicht 1):

   - Die wichtigsten *Exporteure* sind Brasilien mit ca. 9 Mio. t Ww, die EU mit ca. 5 Mio. t Ww, Australien und Thailand mit jeweils ca. 3 Mio. t Ww sowie Kuba mit ca. 3 Mio. t Ww. Der Anteil dieser Länder an den weltweiten Gesamtexporten beträgt ca. 65 v.H.

   - Die wichtigsten *Importeure* sind Russland mit ca. 4 Mio. t Ww und die EU mit ca. 2 Mio. t Ww. Mit zusammen ca. 6 Mio. t Ww entfallen auf diese beiden Länder ca. 16 v.H. der Gesamteinfuhren. Bei den EU-Einfuhren handelt es sich überwiegend um vertraglich vereinbarte Präferenz-Zuckerlieferungen. Die restlichen Importe verteilen sich auf Länder mit deutlich geringeren Einfuhrmengen.

4. Die weltweiten *Lagerbestände* erhöhten sich infolge der jährlichen Angebotsüberschüsse von ca. 35 Mio. t Ww im Jahr 1990/91 auf 57 Mio. t Ww im Jahr 2001/02 bzw. um ca. 62 v.H.. Die derzeitigen Bestände entsprechen ca. 48 v.H. der Jahresnachfrage. Diese Entwicklung wurde nur in dem Jahr 1993/94 unterbrochen, als die Weltvorräte kurzfristig geringfügig abnahmen.

5. Die *Welt-Versorgung* mit Zucker als Saldo der o.a. Entwicklungen ist durch Überschüsse gekennzeichnet. Schaubild 1 zeigt, dass das Angebot konstant über der Nachfrage liegt. Der Selbstversorgungsgrad (SVG) schwankt im Untersuchungszeitraum zwischen 100 und 107 v.H.. Die Produktionsreserven dürften aufgrund der kontinuierlich ansteigenden Weltproduktion noch nicht ausgeschöpft sein. Des Weiteren bestehen insbesondere im Bereich des Stärkezuckers noch große Produktionspotentiale.

6. Die Entwicklung des Weltmarktpreises für Zucker im Untersuchungszeitraum von 1990 bis 2003 zeigt Schaubild 2.

**Schaubild 2 - Entwicklung des Weltmarktpreises[1) in €/t Ww und der Lager-
bestände in Mio. t Ww für Zucker (1990/91-2002/03)**

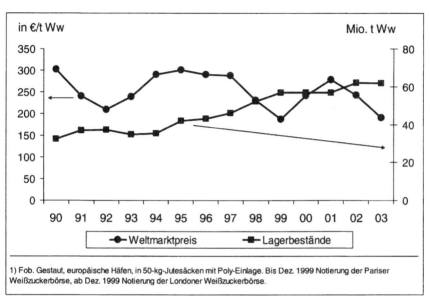

1) Fob. Gestaut, europäische Häfen, in 50-kg-Jutesäcken mit Poly-Einlage. Bis Dez. 1999 Notierung der Pariser Weißzuckerbörse, ab Dez. 1999 Notierung der Londoner Weißzuckerbörse.

Quellen: Bartens, A. und H. Mosolff: Zuckerwirtschaft. Verlag Dr. Bartens, Berlin, versch. Jgg. - Schriftliche Mitteilung: Herr C. Bertram, WVZ, vom 19. Januar 2000. - Schriftliche Mitteilung: Herr O. Baron, WVZ, vom 7. März 2005.

Folgende Aspekte sind hervorzuheben:

- Der Weltmarktpreis für Zucker variierte im Verlauf des Betrachtungszeitraums zwischen 186 und 303 €/t Ww und betrug im Durchschnitt ca. 259 €/t Ww.

- In den Jahren 1990 und 1994-1997 lagen die Weltmarktnotierungen für Zucker auf einem relativ hohen Niveau von ca. 290 €/t Ww. Demgegenüber kam es in den Jahren 1992 und 1999 zu Preiseinbrüchen, bei denen das Preisniveau auf 210 bzw. 186 €/t Ww sank. Diese Jahre blieben jedoch ebenso die Ausnahme, wie das Hochpreis-Jahr 2001, in dem die Notierungen kurzfristig bis auf ca. 330 €/t Ww anstiegen.

- Ein ausgeprägter Zusammenhang zwischen den Weltlagerbeständen an Zucker und dem Weltmarktpreis kann nicht hergestellt werden. Tendenziell führen jedoch hohe (niedrige) Lagerbestände zu niedrigen (hohen) Preisen auf dem Weltmarkt für Zucker[9].

---

[9] Sommer, U.: Der Markt für Zucker 2002. „Agrarwirtschaft", Jg.52, Nr.1/2003, S. 42 ff.

2.2 Die EU-Zuckermarktordnung

Der Markt für Zucker, Isoglucose und Inulinsirup in der EU wird durch die EU-Zuckermarktordnung geregelt. Diese besteht - von einigen Modifikationen abgesehen - bereits seit der Einführung der GAP im Jahre 1967 und wurde bis zum 30. Juni 2006 verlängert. Über die Nachfolgeregelung wird z.Z. diskutiert. Die wichtigsten Elemente der derzeitigen Marktordnung sind das Interventions- und Quotensystem, die Haushaltsneutralität durch das Abgabensystem, der Außenhandelsschutz und die präferenziellen Einfuhrregelungen. Nachstehend werden die für diese Untersuchungen relevanten Elemente Quoten-, Preis- und Abgabenregelung näher erläutert[10]:

1) Quotenregelung

Zentraler Bestandteil der Zuckermarktordnung ist die Quotenregelung. Sie begrenzt die Zuckerproduktion in der EU, indem jedem Mitgliedsstaat auf Basis der Zuckererzeugung mehrerer Referenzjahre eine bestimmte Produktionsquote zugewiesen wurde. Diese staatlichen Quoten verteilen sich nach Maßgabe der Erzeugung im Referenzzeitraum auf die verschiedenen Zuckerunternehmen. Diese wiederum vergeben Zuckerrüben-Liefermengen an die Landwirte, wobei sich die Höhe der Zuteilung an der höchstmöglichen Ausschöpfung der den Zuckerfabriken zugestandenen Zuckerquote orientiert. Die Regelung der Ausgabe der Rübenkontingente an die Landwirte hängt in Deutschland von der Trägerschaft der Zuckerrüben verarbeitenden Unternehmen ab. Daher existieren heute regional unterschiedliche Bedingungen, ob und in welcher Form der Handel mit den Kontingenten möglich ist. In einigen Regionen ist der Quotenhandel nur zulässig, wenn die Anbauflächen ebenfalls den Bewirtschafter wechseln, während in anderen Regionen die Quote - zumindest innerhalb des Einzuggebietes einer Zuckerfabrik - ohne Einschränkungen verkauft werden kann[11]. Die Deutschland derzeit zugeteilte Zuckerhöchstquote beträgt 3.416.896 t Ww (vgl. Übersicht 2). In bestimmten Ausnahmefällen kann die Höchstquote jedoch verändert werden. Dies ist insbesondere dann der Fall, wenn die EU die in der WTO „im Rahmen des Artikels 228, Absatz 2 des Übereinkommens über die Landwirtschaft eingegangene Verpflichtung"[12] zur Einhaltung einer bestimmten Höchstgrenze an Zuckerexporten oder der Exportstützung überschreitet. Ggf. muss dann der Europäische Rat die Zucker-Quote nach einem in der Marktordnung geregelten Schlüssel für ein oder mehrere Wirtschaftsjahre deklassieren, um die Konformität mit den WTO-Vereinbarungen zu gewährleisten.

---

[10] Umfassende Darstellung der Zuckermarktordnung in Bartens, A.und H. Mosolff: a.a.O., versch. Jgg. oder in Wirtschaftliche Vereinigung Zucker (WVZ): „Jahresbericht", Landwirtschaftsverlag GmbH, Münster, versch. Jgg.

[11] Vgl. Grages, K.-L.: Gibt es eine Flächenbindung bei Rübenquoten? „top-agrar", Nr. 12/1989, S. 32-33. - Grages, K.-L.: Wie sind die Lieferrechte bei Z-Rüben zu sichern? „top-agrar", Nr. 1/1990, S. 46-49.

[12] Bartens, A. und H. Mosolff: a.a.O., S. 153.

Übersicht 2 - Kontingente der deutschen Zuckerproduzenten t Ww (2001/02)

Quotenverwalter	Höchstquote an Zucker
EU	14.482.142
Deutschland	3.416.897
Südzucker AG - Südzucker GmbH	1.362.935
Nordzucker AG - Zuckerverbund Magdeburg GmbH	1.172.222
Pfeifer & Langen - Diamant-Zucker KG	611.977
Zuckerfabrik Jülich AG	144.412
DANISCO Sugar GmbH	125.351

Quellen: Schriftliche Mitteilungen: - Herr Dr. H. Esser, Pfeifer & Langen, vom 13. März 2000, Herr H. Mugele, Zuckerfabrik Jülich AG, vom 22. Februar 2000. - Eigene Berechnungen.

Die EU-Zuckermarktordnung unterscheidet bei der Zuckererzeugung - in Abhängigkeit von der gewährten Preisgarantie - zwischen folgenden drei Teilmengen:

1. A–Zuckerkontingent: Die A-Quote bzw. Grundquote umfasst die Zuckermenge eines Unternehmens, für die im jeweiligen Zuckerwirtschaftsjahr die volle Preis- und Absatzgarantie besteht. In Deutschland beträgt die A-Quote insgesamt 2.637.703 t Ww.

2. B–Zuckerkontingent: Für den im Rahmen der B-Quote erzeugten Zucker gilt zwar ebenfalls die volle Absatzgarantie, aber nur eine deutlich eingeschränkte Preisgarantie. Die Aufgabe der B-Quote bestand in der Reservefunktion für die Erfüllung der Grundquote und damit der Sicherung der Versorgung, um witterungsbedingte Ertragsschwankungen auszugleichen. Deutschland steht ein B-Zuckerkontingent von 811.609 t Ww zu.

3. C–Zucker: Als C-Zucker wird die Erzeugungsmenge eingestuft, die die Höchstmenge im Rahmen der Produktionsquoten (A + B) übersteigt. C-Zucker muss nachweislich bis zum Ende des Zuckerwirtschaftsjahres in unverarbeiteter Form auf dem Weltmarkt abgesetzt werden. Für diese Zuckermengen werden keine staatlichen Preis- und Abnahmegarantien gewährt. Der jeweilige Anteil am erzielten Erlös wird zwischen den Rübenbauern-Verbänden und den Zuckerfabriken individuell ausgehandelt.

Die variierenden Abgaben auf B-Zucker bei unterschiedlicher Quotenerfüllung und die aufgrund von Ertragsschwankungen variierenden C-Zuckermengen, führen zu großen Erlösschwankungen, insbesondere in der Landwirtschaft. Um diese abzumildern, besteht die Möglichkeit, B- und C-Zucker bis zu einer Menge von 20 v.H. der A-Quote auf das nächste Wirtschaftsjahr zu übertragen. Um diese Möglichkeit zu nutzen, muss dem Staat vor dem 1. Februar des der Überschussproduktion folgenden Wirtschaftsjahres das entsprechende Übertragungsvolumen mitgeteilt werden. Zudem besteht die Verpflichtung, den Zucker für einen Zeitraum von zwölf aufeinander folgenden Monaten einzulagern, ohne dass die anfallenden Lagerkosten hierfür vergütet werden. Der Beschluss des Vortragens ist unwiderruflich.

2) Preisregelung

Das Zuckerwirtschaftsjahr beginnt jeweils am 1. Juli eines Jahres und endet am 30. Juni des folgenden Jahres. Die wichtigsten Elemente der Preisregelung sind der Interventionspreis für Zucker sowie der Rübengrundpreis für Zuckerrüben. Der Rübengrundpreis leitet sich aus dem Interventionspreis nach der in Übersicht 3 dargestellten Vorgehensweise ab.

Übersicht 3 - Ableitung und regionale Differenzierung der Marktordnungspreise in €/t Weißzucker und €/t Zuckerrüben (2001/2002)

	Länder		
	D,F,NL,B/L DK,GR,I,A,S,	GB,IRL,P,F	E
Interventionspreis[1]	631,9	646,5	648,8
Verarbeitungsspanne d. Zuckerfabriken[1]	243,6	243,6	243,6
Transport- u. Annahmekosten[1]	44,1	44,1	44,1
Erlös aus Melasseverkauf[1]	-22,5	-22,5	-22,5
Rohstoffanteil[1]	366,7	381,3	383,6
Rübengrundpreis[2]	47,67	49,57	49,87
1) In €/t Ww. - 2) In €/t Zuckerrüben.			

Quelle: Verordnung (EG) Nr.1260/2001 des Rates vom 19. Juni 2001 über die gemeinsame Organisation des Zuckermarktes (Abl. Nr. 178 vom 30. Juni 2001).

Eine pauschale Verarbeitungsspanne für die Zuckerproduzenten wird um die zu erwartenden Melasseerlöse verringert und um eine Kostenpauschale für den Zuckerrübentransport sowie die Annahme erhöht. Die Differenz aus Interventionspreis und diesem Wert entspricht dem Rohstoffanteil, der dividiert durch den Transformationsfaktor (7,69 bei 13 v.H. Ausbeute) den Grundpreis pro t Zuckerrüben ergibt. In Artikel 5, Absatz 3 ist ein höherer Interventionspreises und damit auch Rübenmindestpreises für bestimmte Regionen (vgl. Übersicht 3) vorgesehen. Abweichungen von der definierten Rüben-Standardqualität werden durch Zu- oder Abschläge berücksichtigt. Die tatsächlichen Preise, die Transportkostenvergütung und weitere - teils fakultative - Positionen, wie die Rübenmarkvergütung, Früh- und Spätlieferprämie, Ausbeutevergütung, Qualitätsprämie, etc. werden im Detail i.d.R. von den regionalen Rübenbauern-Verbänden ausgehandelt und in sog. Branchenvereinbarungen festgehalten.

3) Abgabenregelung

Die Finanzierung der durch die Zuckermarktordnung anfallenden Marktordnungskosten für den Absatz des überschüssigen Quotenzuckers auf dem Weltmarkt erfolgt über Abgaben auf den Quotenzucker. Die Bemessungsgrundlage dieser Produktionsabgaben ist der Interventionspreis. Die Beträge werden von den Zuckerunternehmen an einen Fonds abgeführt. Die Finanzierung der Exporte wird durch das deutlich über dem Weltmarktpreis liegende Verbraucherpreisniveau ermöglicht, so dass letztlich die Konsumenten die Kosten des Zuckerexports tragen. Den öffentlichen Haushalten entstehen daher keine Ausgaben für die EU-Zuckermarktordnung, damit ist der Grundsatz der Haushaltsneutralität erfüllt[13]. Bei der Abgabenregelung gilt zudem das Solidaritätsprinzip, d.h., Zuckerrübenerzeuger und -verarbeiter teilen sich die Abgaben. Die Kosten für den im Rahmen des Präferenz-Zucker-Abkommens im- und reexportierten Zucker werden hingegen aus dem EU-Haushalt finanziert.

Die Marktordnung sieht folgende Abgaben vor:

1. **Grundproduktionsabgabe:** Diese wird erhoben, wenn sich für das folgende Jahr eine Überschussproduktion abzeichnet, die subventionierte Drittlandsexporte erforderlich macht. Zur Ermittlung der Grundproduktionsabgabe, die 2 v.H. des Interventionspreises nicht übersteigen darf, wird die erforderliche Exportsubvention durch die Menge des erzeugten Quotenzuckers (A + B-Zucker) dividiert. Liegt dieser Betrag über 2 v.H. des Interventionspreises, so sieht die Marktordnung die Erhebung einer weiteren Abgabe, der sog. B-Abgabe, zur Deckung des Restdefizits vor.

2. **B-Abgabe:** Diese ergibt sich aus der Division des nach Abzug der Grundproduktionsabgabe verbleibenden Restdefizits durch die zu erwartende Erzeugung an B-Zucker. Dabei begrenzt die Marktordnung die B-Abgabe auf 37,5 v.H. des Interventionspreises, so dass die Abgabe auf B-Zucker maximal 39,5 v.H. (2 v.H. Grundproduktionsabgabe + 37,5 v.H. B-Abgabe) beträgt. Die Preisgarantie für B-Zucker ist damit im Vergleich zum A-Zucker beträchtlich eingeschränkt.

3. **Ergänzungsabgabe:** Reicht die Summe aus der maximalen Grundproduktions- und der B-Abgabe nicht aus, um die Kosten des subventionierten Exports zu decken, sieht die Marktordnung zusätzlich die Erhebung einer Ergänzungsabgabe vor. Zur Ermittlung werden die insgesamt erforderlichen Exporterstattungen durch die bereits erhobenen Abgaben dividiert. Der resultierende Quotient entspricht dem sog. Hebungsfaktor, um den die Abgaben zusätzlich proportional erhöht werden. Die Differenz zwischen den tatsächlich für den subventionierten Export der Zuckerüberschüsse erforderlichen Aufwendungen und den über die A- und B-Abgabe verfügbaren Mitteln entspricht der Ergänzungsabgabe.

2.3 Versorgungssituation auf dem EU-Zuckermarkt

Die Versorgungssituation auf dem EU-Zuckermarkt, die maßgeblich durch die EU-Zuckermarktordnung bestimmt wird, ist für den Untersuchungszeitraum von 1990/91 bis 2002/03 in Schaubild 3 dargestellt. Nachstehende Entwicklungstendenzen der Erzeugung, des Verbrauchs, des Handels, der Lagerbestände sowie der Gesamtversorgung auf dem EU-Zuckermarkt sind hervorzuheben:

---

[13] D.h., neben den Kosten für die Präferenz-Zucker-Regelungen bleiben alle Kosten der Zuckermarktpolitik unberücksichtigt, die nicht in direktem Zusammenhang mit der Überschussproduktion stehen, wie z.B. die Raffinierungs-Beihilfe und die Kosten für die Stützung der Zuckererzeugung in den Übersee-Departements.

12

1. Die *Zuckererzeugung* aus Zuckerrüben und -rohr betrug in der EU-15 im Betrachtungszeitraum durchschnittlich etwa 16,4 Mio. t Ww, von denen ca. 13,4 Mio. t Ww auf Quotenzucker entfallen. Die Zuckererzeugung unterliegt z.T. beträchtlichen witterungsbedingten Schwankungen. Von der Quotenproduktion in Höhe von ca. 13,4 Mio. t Ww entfallen allein auf Frankreich ca. 3,7 Mio. t Ww und auf Deutschland ca. 3,4 Mio. t Ww. Diese beiden Länder erzeugen damit mehr als 50 v.H. des Quotenzuckers in der EU. Dies gilt auch für die Gesamterzeugung, und zwar unter Berücksichtigung der Zuckermengen, die über die Kontingente hinaus produziert werden.

Schaubild 3 - Entwicklung der Versorgungssituation auf dem EU-Markt für Zucker in Mio. t Ww (1990/91-2002/03)

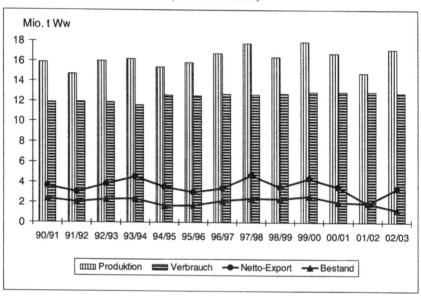

Quellen: StBA: Statistisches Jahrbuch über Ernährung Landwirtschaft und Forsten. Landwirtschaftsverlag GmbH, Münster, versch. Jgg. - Eigene Berechnungen.

2. Die Entwicklung der *Nachfrage* im Verlauf des Untersuchungszeitraum ist durch einen leichten Anstieg des Verbrauchs von 11,9 Mio. t Ww im Jahr 1990/91 auf 12,9 Mio. t Ww im Jahr 2001/02 gekennzeichnet. Die Nachfrage stieg bis 1999/00 nahezu kontinuierlich und stagniert seitdem bei ca. 12,9 Mio. t Ww/ Jahr.

3. Im *Zuckerhandel* der EU überwiegen die Nettoexporte. Diese variieren im Betrachtungszeitraum - bei nahezu konstanten Importen - in Abhängigkeit von den jährlichen Erntemengen, zwischen 1,8 und 4,6 Mio. t Ww. Der Anteil der Exporte an der Gesamtproduktion liegt damit zwischen 11 und 28 v.H.

4. Die *Lagerbestände* der EU-15 betrugen im Zeitraum von 1990/91 bis 2002/03 durchschnittlich 2,1 Mio. t Ww. Sie entsprachen damit ca. 17 v.H. der durchschnittlichen Nachfrage und unterliegen nur sehr geringen Schwankungen.

5. Die *EU-Versorgungssituation* für Zucker ist trotz der Quotenregelung durch hohe Überschüsse gekennzeichnet. Die inländische Erzeugung entspricht einen SVG von 132 v.H.

2.4 Beurteilung der zukünftigen Entwicklung auf den Welt- und EU-Zuckermärkten

Aus der Analyse der marktwirtschaftlichen Rahmenbedingungen auf den Welt- und EU-Zuckermärkten im Betrachtungszeitraum von 1990 bis 2003 lassen sich insbesondere folgende Rückschlüsse auf die zukünftige Marktentwicklung ableiten:

• Die *Weltproduktion* und der *-verbrauch* von Zucker werden zukünftig - wie auch im Durchschnitt des Untersuchungszeitraums - um jährlich ca. 2 v.H. ansteigen. Im Gegensatz zur Nachfrage weist die Produktion dabei jedoch deutliche Schwankungen auf. Große Produktionspotentiale, denen gleichzeitig ein kräftig steigender Verbrauch gegenübersteht, existieren in Asien. Eine stärker am Weltmarkt orientierte Produktion wird dagegen in Australien und Brasilien stattfinden. Während Australien mit einer um ca. 1 Mio. t zunehmenden Erzeugung seine Produktionskapazitäten nahezu ausschöpfen dürfte, kann Brasilien durch die Einschränkung seiner Ethanol-Erzeugung aus Zuckerrohr und eine Anbauflächenausweitung die Zuckerproduktion um mehrere Millionen t Zucker[14] erhöhen. Allerdings hat auch die zukünftige Entwicklung der EU-Zuckerproduktion maßgeblichen Einfluss auf die Welterzeugung. Aufgrund der zu erwartenden Reform der Zuckermarktpolitik dürfte die Überschusserzeugung der EU zukünftig tendenziell abnehmen.

• Die *Struktur des Welthandels* ist durch oligopolistische Merkmale geprägt. Diese Marktform ist sowohl auf Anbieter- als auch Nachfragerseite seit Jahren unverändert und übt nur wenig Einfluss auf die Weltmarktpreisbildung aus.

• Der *Weltmarktpreis* wird maßgeblich durch die gehandelte Menge bestimmt. In der Vergangenheit war ein geringes (hohes) Welthandelsvolumen mit niedrigen (hohen) Weltmarktpreisen verbunden. Unter Berücksichtigung dieser Zusammenhänge entspricht der Durchschnittspreis der Jahre 1990-2001 in Höhe von 260 €/t Ww einer realistischen längerfristigen Preiserwartung. Der Weltmarktpreis wird auch zukünftig durch starke jährliche Schwankungen beeinflusst. Dabei wird die Preisgrenze mittel- bis langfristig vor allem durch die Erzeugungskosten in Brasilien und Australien bestimmt, die in diesen Ländern[15] bei ca. 165 - 200 €/t Ww[16] liegen. In einzelnen Jahren sind auch extreme Preisausschläge nach oben zu erwarten, wie die Preishaussen zwi-

---

[14] Ernst, A.: Kein Anlaß zu Optimismus? „DZZ", Jg. 38, Nr.3/2002, S. 5.

[15] Zeddies, J.: Zuckererzeugung noch wirtschaftlich? „Land & Forst", Jg. 153, Nr.2/2000, S. 8 ff.

[16] Ernst, A.: a.a.O., S. 5.

schen 1973-1975 bzw. 1979-1981 zeigen. Kurzfristig stiegen die Preise auf über 1.500 € bzw. 800 €/t Ww. In der jüngeren Vergangenheit gingen Preiserhöhungen von den Klimaphänomenen El-Nino oder Dürren und den restriktiven Exportpolitiken einzelner Länder, z.b. Indiens aus. Darüber hinaus hat Brasilien, der wichtigste Teilnehmer am Weltmarkt, gelernt, unnötigen Druck auf den Preis zu vermeiden[17].

- Den *EU-Binnenmarkt* regelt bis 2006 die derzeitige EU-Zuckermarktordnung. Danach wird eine Anpassung der marktpolitischen Rahmenbedingungen der europäischen Zuckerrüben-Zuckerwirtschaft erforderlich sein. Dies liegt insbesondere darin begründet, dass das Urteil des WTO Zucker-Panels der EU den subventionierten Export von Zucker untersagen wird[18]. Hinzu kommt, dass eine Fortführung der derzeitigen Marktordnung keines der anderen Probleme auf dem EU-Zuckermarkt löst, da dann die hohe finanzielle Belastung der Verbraucher, die eingeschränkte Wettbewerbsfähigkeit, die Verzerrung der Einkommen und die Ineffizienz der Präferenz-Zucker-Regelung bestehen bleiben. Diese Aspekte verdeutlichen nochmals die Notwendigkeit der Reform der EU-Zuckermarktordnung.

3 Analyse der Kosten der deutschen Zuckerproduktion

3.1 Bestimmungsfaktoren der Kosten der Zuckerrübenerzeugung

Die Erfolgsfaktoren im Betriebszweig Zuckerrübenanbau und ihr Einfluss auf die Kosten der Zuckerrübenerzeugung sind Gegenstand einer Vielzahl von Untersuchungen. U.a. zeigen dabei die Ergebnisse einer Faktorenanalyse von Trenkel[19], dass im Wesentlichen drei Faktoren maßgeblich für die Höhe der Produktionskosten und damit den Erfolg im Rübenanbau sind:

1. Ertragsfähigkeit des Rübenanbaugebietes

2. Betriebs- und Produktionsstruktur in der Landwirtschaft

3. Das produktionstechnische Wissen des Betriebsleiters.

In diesem Kapitel wird nur der Einfluss der Bestimmungsfaktoren Ertragsfähigkeit sowie Betriebs- und Produktionsstruktur auf die Produktionskosten im Zuckerrübenanbau analysiert. Eine Untersuchung der Auswirkungen des produktionstechnischen Wissens des Betriebsleiters unterbleibt, da dessen Einfluss auf die Wirtschaftlichkeit der Zuckerrübenerzeugung nur sehr schwer quantifizierbar ist.

---

[17] Ernst, A.: Trotz Überschüsse knappes Angebot? „DLG Mitteilungen", Jg. 118, Nr. 2/2003, S. 64.

[18] Hinsichtlich der zukünftigen Exportbeschränkungen im Rahmen des WTO-Abkommens wird unterstellt, dass die vorläufigen Ergebnisse des Zucker-Panels auch nach dem Berufungsverfahren Bestand haben. Dieses würde bedeuten, dass die EU Zucker nur noch dann exportieren darf, wenn die durchschnittlichen europäischen Erzeugungskosten unterhalb des Weltmarktpreises liegen.

[19] Trenkel, H.: Kostenanalyse und Erfolgsfaktoren im Betriebszweig Zuckerrübenanbau. Diss., Universität Bonn 1999, S. 248.

3.1.1 Ertragsfähigkeit des Rübenanbaugebietes

Die Ertragsfähigkeit wirkt sich über den Rübenertrag, die Zuckerausbeute, den Zuckerertrag und die Abzüge für Schmutz- und Kopfanteile auf die Produktionskosten im Zuckerrübenanbau aus.

(1) Regionale Rübenerträge

Einen ersten, wenn auch nur groben, Anhaltspunkt für die Güte eines Standorts liefert der regionale Zuckerrübenertrag in t/ha. Multipliziert mit der Zuckerausbeute ergibt er den Zuckerertrag in t Ww/ha, die aussagekräftigste Kennziffer zur Beurteilung des Standorts. Übersicht 4 zeigt, dass alle Bundesländer im Durchschnitt der Jahre 1991/92-1993/94 und 1998/99-2000/01 einen signifikanten Ertragszuwachs erzielten. Da dieser in Ostdeutschland mit 18,8 bis 27,7 v.H. deutlich größer ausfiel als in Westdeutschland mit 4,9 bis 17,8 v.H., verringerte sich das Ertragsgefälle zwischen den ost- und westdeutschen Bundesländern. Die Rübenerträge variieren in den westdeutschen Bundesländern zwischen 52,2 t/ha Rüben (Schleswig-Holstein) und 68,9 t/ha (Bayern) und in den ostdeutschen Bundesländern zwischen 46,1 t/ha (Mecklenburg-Vorpommern) und 52,9 t/ha (Thüringen).

Übersicht 4 - Die Entwicklung des Rübenertrags in t/ha und des Zuckerertrags in t Ww/ha (∅ 1991/92-1993/94 und ∅ 1998/99-2000/01)

Jahre	Entwicklung[1]					
	des Rübenertrags in t/ha			des Zuckerertrags in t Ww/ha		
	∅ 91/92-93/94	∅ 98/99-00/01	+ v.H.	∅ 91/92-93/94	∅ 98/99-00/01	+ v.H.
Bayern	60,7	68,9	13,5	8,8	10,4	17,5
Baden-W.	56,5	66,4	17,6	7,6	9,9	29,3
Hessen	56,1	63,2	12,7	7,9	9,5	19,9
Rheinland-Pfalz	53,0	62,4	17,8	6,9	9,3	33,6
Niedersachsen	50,8	55,0	8,2	7,9	8,7	9,6
Thüringen	44,5	52,9	19,0	6,2	8,7	40,7
Sachsen	44,1	52,4	18,8	6,2	8,4	35,9
Schleswig-H.	47,3	52,5	11,1	7,3	8,2	13,5
Mecklenburg-V.	37,6	46,1	22,7	5,5	7,9	43,4
Nordrhein-W.	55,2	58,0	4,9	8,3	7,8	- 6,1
Sachsen-Anhalt	41,1	49,1	19,6	6,1	7,8	27,9
Brandenburg	37,3	47,7	27,7	6,0	7,7	27,9

1) Sortiert nach Zuckerertrag in t Ww/ha ∅ 1998/99 – 2000/01.

Quellen: Wirtschaftliche Vereinigung Zucker (WVZ): Statistisches Tabellenbuch. Landwirtschaftsverlag GmbH, Münster, versch. Jgg. - Eigene Berechnungen.

(2) Regionale Zuckerausbeute

Eine zweite Kennziffer zur Standortbeurteilung ist die Zuckerausbeute in v.H. pro t Rüben (vgl. Übersicht 5). Neben dem Zuckerertrag in t Ww/ha senken gute Zuckerausbeuten auch die Kosten der Zuckerrübenverarbeitung (vgl. Kap. 3.2), so dass die

16

Kostenvorteile sowohl den Zuckerfabriken als auch den Landwirten zugute kommen. Hohe Zuckerausbeuten setzen gute natürliche Standortverhältnisse voraus[20]. Diese wirken auf die Rübenqualität, die - neben dem Zuckergehalt - auch von den Gehalten an α-Aminostickstoff, Natrium und Kalium abhängt. Letztere beeinflussen die Zuckerausbeute und damit auch die Kosten des Zuckergewinnungsprozess. Aus diesen Gründen finden die Kriterien Zuckerertrag und Ausbeute auch bei den Qualitätsstandards der Zuckerrübe Berücksichtigung und führen beim Rübenpreis zu Zu- oder Abschlägen (vgl. Kap. 2.2). Da für diese Arbeit nur die Entwicklung der Ausbeute in v.H. je t Rübe als wichtiger Bestimmungsfaktor der Rübenproduktionskosten von Relevanz ist, unterbleibt eine Analyse der Entwicklung der qualitätsbestimmenden Faktoren und der Determinanten der Ausbeutezuwächse.

Übersicht 5 - Entwicklung der Zuckerausbeute in v.H. in den Bundesländern[1)]
(∅ 1990/91-1991/92 und ∅ 1999/00-2000/01)

Jahr	Zuckerausbeute in v.H.		Veränderung in v.H.
	∅ 1990/91-1991/92	∅ 1999/00-2000/01	
Sachsen-Anhalt	11,9	17,1	43,1
Thüringen	13,4	16,7	24,4
Sachsen	13,6	16,4	20,5
Brandenburg	13,1	16,1	23,2
Niedersachsen	14,3	16,0	11,7
Mecklenburg-Vorpommern	12,3	15,9	29,2
Schleswig-Holstein	14,4	15,8	9,7
Nordrhein-Westfalen	14,1	15,3	8,8
Bayern	15,3	15,3	0,3
Hessen	14,3	15,2	6,2
Rheinland-Pfalz	14,2	14,9	5,0
Baden-Württemberg	14,5	14,9	2,8
1) Ohne Stadtstaaten und Saarland.			

Quellen: WVZ: Stat. Tabellenbuch. a.a.O., versch. Jgg. - Eigene Berechnungen.

Übersicht 5 verdeutlicht, dass die Entwicklung der Zuckerausbeute weitgehend mit der des Rübenertrages übereinstimmt (vgl. Übersicht 4). Der Anstieg der Ausbeute fiel in Ostdeutschland mit 20,5 bis 43,1 v.H. deutlich größer aus als in Westdeutschland mit 0,3 bis 11,7 v.H.. Die Zuckerausbeuten variieren in den westdeutschen Bundesländern zwischen 14,9 v.H. (Baden-Württemberg) und 16 v.H. (Niedersachsen) und in den ostdeutschen Bundesländern zwischen 15,9 v.H. (Mecklenburg-Vorpommern) und 17,1 v.H. (Sachsen-Anhalt). Damit haben die ostdeutschen Länder ihren Leistungs-

---

[20] „Der Boden sollte von hoher Qualität sein und die Summe der Jahrestemperatur zwischen 2.500-2.900°C und die des Jahresniederschlages zwischen 600-800 mm betragen." Winner, C.: Zuckerrübenanbau. DLG-Verlag, 1. Aufl., Frankfurt a.M. 1981, S. 68 ff.

rückstand nicht nur aufgeholt, sondern inzwischen deutlich höhere Ausbeutesätze erreicht.

(3) Regionale Zuckererträge

Der Zuckerertrag in t Ww/ha ist der aussagekräftigste Wert, um die standortabhängigen Kosten der Zuckerrübenproduktion unter ähnlichen marktwirtschaftlichen Rahmenbedingungen zu vergleichen[21]. Dieser ergibt sich aus der Multiplikation der auf den jeweiligen Standortverhältnissen erzielten Rübenerträge in t/ha mit der Zuckerausbeute in v.H.. Aus der Entwicklung der regionalen Zuckererträge (vgl. Übersicht 4) lassen sich folgende Aussagen ableiten:

- In allen Regionen Deutschlands wurde im Verlauf des Betrachtungszeitraums ein starker Zuwachs des Zuckerertrags in t Ww/ha realisiert.

- Der Anstieg des Zuckerertrags war, entsprechend zur Entwicklung der Rübenerträge und Zuckerausbeuten, in Ostdeutschland stärker als in Westdeutschland. So erzielten die fünf ostdeutschen Bundesländer Ertragssteigerungen zwischen 43,4 v.H. (Mecklenburg-Vorpommern) und 27,9 v.H. (Brandenburg und Sachsen-Anhalt). Demgegenüber lag der Zuwachs in den alten Bundesländern lediglich zwischen 33,6 v.H. (Rheinland-Pfalz) und 6,1 v.H. (Nordrhein-Westfalen).

- Die Ursache für die deutlich unterschiedlichen Ertragssteigerungen in den ost- und westdeutschen Bundesländern liegt in dem extrem niedrigen Ausgangsniveau in Ostdeutschland zu Beginn der 90er Jahre. Trotzdem zeigen vor allem Rheinland-Pfalz und Bayern, dass auch in Westdeutschland hohe Ertragszuwächse möglich waren, die im Wesentlichen durch den Züchtungsfortschritt und/ oder verbesserte Anbaumethoden zu erklären sind[22].

- Die höchsten Zuckererträge erzeugen mit durchschnittlich 10,4 t Ww/ha die bayrischen Landwirte. Auch in den anderen westdeutschen Bundesländern liegen die Zuckererträge je ha höher als in den ostdeutschen Bundesländern. Von Letzteren erreichen lediglich Thüringen und Sachsen - die jedoch nur eine vergleichsweise geringe Anbaufläche repräsentieren - mit durchschnittlich 8,7 und 8,4 t Ww/ha das Ertragsniveau der westdeutschen Länder.

(4) Regionale Gesamtabzüge

Die Gesamtabzüge umfassen die Anteile an Erde, Steinen, Blättern und Rübenköpfen in den Rübenlieferungen an die Zuckerfabriken. Neben ihren negativen Auswirkungen auf die Transportkosten (vgl. Kap. 3.2.4) stören sie den betrieblichen Ablauf in den

---

[21] Schmidt, E.: Auswirkungen der EG-Zuckermarktordnung auf die regionale Wettbewerbsfähigkeit der Rübenzuckerproduktion. „Zuckerindustrie", Jg. 30, Nr. 8/1980, S. 763.

[22] Winner, C.: Zur Frage nach dem Leistungspotential der Zuckerrübe unter pflanzenbaulichem und verarbeitungstechnischem Aspekt. „Zuckerindustrie", Jg. 32, Nr. 5/1982, S. 382 ff.

Zuckerfabriken und verursachen hohe Entsorgungskosten[23]. Übersicht 6 verdeutlicht, dass in allen Bundesländern - mit Ausnahme von Rheinland-Pfalz, wo die Verluste um 2,4 v.H. leicht anstiegen - eine Senkung der Gesamtabzüge erzielt wurde. Die größte Verbesserung realisierte Thüringen mit einer Senkung der Abzüge von 13,1 v.H. im Durchschnitt der Jahre 1991/92-1993/94 auf 8,8 v.H. im Durchschnitt der Jahre 1998/99-2000/01, was einer Verringerung um 32,6 v.H. entspricht.

Übersicht 6 - Entwicklung der Gesamtabzüge in v.H. der Rübenerträge (Durchschnitt der Gesamtabzüge in den Jahren 1991/92-1993/94 sowie 1998/99-2000/01)

	Entwicklung der Gesamtabzüge in v.H.		Veränderung
Jahre	∅ 1991/92-1993/94	∅ 1998/99-2000/01	in v.H.
Sachsen	10,6	8,7	- 18,3
Sachsen-Anhalt	12,7	8,8	- 30,6
Thüringen[1)]	13,1	8,8	- 32,6
Baden-Württemberg	12,8	9,3	- 27,3
Bayern	11,5	9,6	- 17,0
Mecklenburg-V.	12,1	9,6	- 20,5
Brandenburg	12,6	9,8	- 22,5
Niedersachsen	15,1	10,9	- 27,9
Rheinland-Pfalz	10,7	11,0	2,4
Hessen	12,6	11,1	- 11,8
Schleswig-Holstein	14,3	11,2	- 21,6
Nordrhein-Westfalen	13,7	12,3	- 10,4
1) Für Thüringen wurden in 1998/99-2000/01 Daten aus Sachsen-Anhalt verwendet, da die Rüben dort verarbeitet wurden.			

Quellen: WVZ: Stat. Tabellenbuch. a.a.O., versch. Jgg. - Eigene Berechnungen.

Die Bewertung des Bestimmungsfaktors Standort hinsichtlich der regionalen Wettbewerbsstellung des Zuckerrübenanbaus in Deutschland lässt sich in folgenden Punkten zusammenfassen:

---

[23] Seit einigen Jahren bereitet besonders die Entsorgung Probleme, da aufgrund vielfältiger Bedenken - wie z.B. der Übertragungsgefahr von Krankheiten - und verschärfter gesetzlicher Auflagen für die Lagerstätten Entsorgungsalternativen gesucht werden müssen. Ein Verfahren, das den zukünftig geltenden Ansprüchen Rechnung trägt, stellt der Einsatz hochmoderner Filteranlagen dar. Diese töten zusätzlich durch einen integrierten Heizmechanismus die Mikroorganismen in der zu reinigenden Erde ab, die anschließend wieder zurück in den Kreislauf gegeben wird. Möglicherweise ersetzt dieses Verfahren in Zukunft die alten Absetzteiche (vgl. Zimmermann, B.: 10.000 Tonnen Knollen rollen täglich heran. „Kölnische Rundschau", Internet: www.rundschau -online/euskirchen/3155778. html (zuletzt am 27.Oktober 2002)). Um das allgemeine Erdaufkommen zu reduzieren, übte die Zuckerindustrie in den letzten Jahren mit Hilfe deutlich schärferer Abzugkriterien zunehmenden Druck auf die Landwirte aus. Im Ergebnis führte diese Vorgehensweise dazu, dass die eingesetzten Erntemaschinen heute mit einer verbesserten Reinigungstechnik ausgestattet sind und das zusätzliche Reinigen der Rüben während des Verladens aus der Miete auf die Transportfahrzeuge per Maus inzwischen zur „guten fachlichen Praxis" gehören.

- Beim Zuckerrübenertrag haben die westdeutschen Bundesländer klare Wettbewerbsvorteile gegenüber den ostdeutschen Bundesländern. Aufgrund der abnehmenden Ertragsdifferenzen zwischen den Ländern verringern sich diese Vorteile jedoch kontinuierlich.

- Bei der Zuckerausbeute weisen die ostdeutschen Länder deutliche Vorteile auf, begünstigt durch die guten natürlichen Standort- und Klimaverhältnisse. Dies bedingt für die dortige Zuckerindustrie vergleichsweise niedrige Verarbeitungskosten.

- Die höchsten Zuckererträge werden gegenwärtig noch in den alten Bundesländern erzielt, allerdings könnte in Zukunft eine Fortsetzung der Erhöhung des Rübenertrags und der Ausbeute in den neuen Bundesländern auch zu höheren Zuckererträgen in diesen Ländern führen.

- Die Gesamtabzüge unterscheiden sich regional nur marginal, so dass diese für die Beurteilung der Wettbewerbsstellung keine Rolle spielen.

3.1.2 Regionale Struktur der landwirtschaftlichen Betriebe

Die Effizienz des Zuckerrübenanbaus hängt in starkem Maße von der gegebenen Betriebsgrößestruktur ab[24]. Betriebswirtschaftliche Auswertungen[25] zeigen, dass in großen Betrieben aufgrund geringerer Arbeitserledigungskosten[26] große Kostenvorteile bestehen. Die Degressionseffekte im Bereich der Arbeitserledigungskosten ergeben sich dabei aus

- Skaleneffekten bei den Maschinenkosten[27], die durch die höhere Flächenausstattung bedingt sind
- der überproportionalen Abnahme des Arbeitseinsatzes[28] bzw. Arbeitszeitbedarfs mit zunehmender durchschnittlicher Schlaggröße.

Daraus folgt, dass zwischen den einzelnen Betriebsgrößenklassen erhebliche Kostenunterschiede bestehen, wohingegen die Kosten innerhalb der Klassen annähernd gleich sind. Zudem hängen die Produktionskosten je ha angebauter Frucht nicht von deren Fruchtfolgeanteil sondern vielmehr von der Betriebsgröße ab.

---

[24] Stalb, H.: Ein Produktionskostenvergleich zwischen Marktfruchtbetrieben in Schleswig-Holstein, Ostengland und im Pariser Becken. Diss., Universität Kiel 1989. – Helmke, B.: Zur Bedeutung der betrieblichen Flächenausstattung für die Produktionskosten im Marktfruchtbau. Diss., Universität Kiel 1996.

[25] Ortmaier, E. und A. Altweck: Ergebnisse der betriebswirtschaftlichen Erhebungen. „DZZ", Jg. 34, Nr. 6/1998, S. 7 f. und Nr. 1/1998, S. 7 f. - Landwirtschaftskammer Rheinland: Arbeitskreis für Betriebsführung Köln-Aachener Bucht, Auswertung der Schlagkartei für Zuckerrüben. Bonn, versch. Jgg.

[26] Arbeitserledigungskosten definiert als die Summe der fixen und variablen Maschinenkosten sowie der Lohnkosten inkl. Lohnansatz.

[27] Mahler, P.: a.a.O., S. 42.

[28] Vierling, G. und J. Zeddies: Verfahrenskosten des Zuckerrübenanbaus – Kostenvergleich für wichtige EU-Standorte. „Zuckerindustrie", Jg. 46, Nr. 8/1996, S. 635 ff.

Diese Zusammenhänge zeigen, dass c.p. in Regionen mit günstigeren Betriebsgrößen-strukturen Wettbewerbsvorteile gegenüber Regionen mit ungünstigen Strukturen haben. Durch den überbetrieblichen Einsatz von Maschinen, vor allem von Erntemaschinen, lassen sich jedoch auch in kleineren Betrieben erhebliche Einsparungspotentiale nutzen[29]. Dennoch bleibt ein Kostengefälle bestehen, denn die optimale Auslastung der Maschinen setzt große Schläge voraus. Zusätzlich begrenzt derzeit die Kontingentierung des Zuckerrübenanbaus die Ausschöpfung der Kostendegressionseffekte.

Übersicht 7 weist für die einzelnen Bundesländer die Anteile der landwirtschaftlichen Betriebe in den Betriebsgrößenklassen < 30 ha, 30 – 200 ha und > 200 ha aus.

Übersicht 7 - Struktur der landwirtschaftlichen Betriebe in den Bundesländern (1999)

	Ldw. Betriebe in 1.000	Betriebe in v.H. mit einer LF von		
		< 30 ha	30 - 200 ha	> 200 ha
Mecklenburg-V.	5,2	42,3	26,9	30,8
Sachsen-Anhalt	4,9	42,8	28,6	28,6
Brandenburg	7,0	54,3	24,3	21,4
Thüringen	5,1	68,6	17,7	13,7
Sachsen	7,4	66,2	20,3	13,5
Schleswig-Holstein	20,6	47,5	50,1	2,4
Niedersachsen	64,7	51,8	47,1	1,1
Hessen	28,5	71,2	27,7	1,1
Nordrhein-Westfalen	54,6	65,0	34,1	0,9
Rheinland-Pfalz	32,5	76,3	23,1	0,6
Baden-Württemberg	5,4	79,0	20,7	0,3
Bayern	153,2	77,0	22,8	0,2

Quellen: StBA: Fachserie 3, Reihe 2.1.6, Eigentums- und Pachtverhältnisse. Metzler-Poeschel, Stuttgart u. Mainz, versch. Jgg. - Eigene Berechungen.

Die wichtigsten Merkmale dieses Vergleichs sind:

- In Ostdeutschland entfallen zwischen 13,5 v. H. der Betriebe (Sachsen) und 30,8 v.H. (Mecklenburg-Vorpommern) auf die Größenklasse > 200 ha LF.

- Von den westdeutschen Bundesländern verfügt Schleswig-Holstein über die vergleichsweise günstigste Betriebsstruktur, aber nur 2,4 v.H. der Betriebe befinden sich in der Größenklasse > 200 ha LF. Bei einem deutlichen Nord- Südgefälle sinkt der Anteil der Betriebe in dieser Klasse auf 0,2 v.H. (Bayern).

---

[29] Altweck, A.: Kostenrechung im Rübenanbau (KORA). „DZZ", Jg. 38, Nr. 4/2002, S. 5.

Entsprechend zur allgemeinen Betriebsgrößenstruktur bestehen zwischen den west- und ostdeutschen Bundesländern erhebliche Unterschiede hinsichtlich der Zuckerrübenanbaufläche je Betrieb (vgl. Übersicht 8):

- In Ostdeutschland beträgt sie zwischen 22,0 – 36,2 ha. Je nach Bundesland werden 43- 63 v.H. aller Rüben in Betrieben mit mehr als 50 ha Rübenfläche angebaut, obwohl der Rübenanteil pro Betrieb auf maximal 5 v.H. der Gesamtanbaufläche beschränkt ist.

- In Westdeutschland ist die durchschnittliche Rübenfläche mit 12,6 ha pro Betrieb in Niedersachsen am höchsten, in Bayern mit 5,2 ha am geringsten, obwohl in manchen Regionen ein Fruchtfolgeanteil von 33 v.H. pro Betrieb erreicht wird. Nur 2 bis 13 v.H. der Zuckerrüben werden in Betrieben mit einer Anbaufläche von mehr als 50 ha angebaut.

Übersicht 8 - Struktur des Zuckerrübenanbaus in den Bundesländern (1999)

	Ldw. Betriebe mit Rüben in 1.000[2)]	∅ Rübenfläche pro Betrieb in ha	Betriebe in v.H. mit Rübenflächen		
			< 10 ha	10 – 50 ha	> 50 ha[3)]
Schleswig-H.[1)]	1,2 (14,5)	12,5	63,1	> 20	- -
Niedersachsen	9,9 (124,6)	12,6	55,8	42,1	2,1 (13,0)
Nordrhein-W.	7,3 (75,3)	10,3	64,5	34,1	1,4 (10,0)
Hessen	3,1 (20,6)	6,6	82,8	16,6	0,6 (6,0)
Rheinland-Pfalz	3,1 (23,3)	7,5	76,7	23,0	0,3 (2,0)
Baden-W.[1)]	4,2 (22,7)	5,4	89,0	10,2	- -
Bayern	14,9 (77,7)	5,2	87,4	12,4	0,2 (4,0)
Mecklenburg-V.	1,1 (31,2)	27,3	24,6	60,7	14,7 (43,0)
Brandenburg	0,5 (11,9)	24,1	39,1	48,3	12,6 (45,0)
Sachsen	0,8 (18,4)	22,0	49,7	38,2	12,1 (51,0)
Sachsen-Anhalt	1,6 (56,5)	36,2	29,5	49,6	20,9 (63,0)
Thüringen	0,5 (12,5)	24,9	43,1	42,2	14,7 (55,0)

1) In diesen beiden Ländern waren die Angaben für Betriebe mit mehr als 50 ha Rüben nicht gemeldet oder aus Datenschutzgründen nicht veröffentlicht. - 2) In Klammern: Gesamtfläche in 1.000 ha. - 4) In Klammern: Anteil dieser Größenklasse an der Gesamtanbaufläche in v.H.

Quellen: StBA: Fachserie 3, Reihe 2.1.2, Bodennutzung der Betriebe. Metzler-Poeschel, Stuttgart u. Mainz, versch. Jgg. - Eigene Berechungen.

Die Analyse der Betriebs- und Produktionsstrukturen (vgl. Übersichten 7 und 8) bestätigt die bereits aus anderen empirischen Daten abgeleitete positive Beziehung zwischen Betriebsgrößenstruktur und durchschnittlicher Rübenanbaufläche. Darüber hinaus wird deutlich, dass die ostdeutschen Bundesländer große Strukturvorteile gegenüber den westdeutschen Ländern aufweisen. Die größeren Betriebseinheiten und Anbauflächen führen zu niedrigeren Kosten der Arbeitserledigung und damit deutlichen strukturellen Wettbewerbsvorteilen. In den westdeutschen Ländern nehmen die Strukturnachteile von Norden nach Süden zu. Aber auch in Schleswig-Holstein sind die durchschnittlichen Betriebs- und Produktionsstrukturen deutlich ungünstiger als in den ostdeutschen Ländern.

3.1.3 Relative Vorzüglichkeit des Zuckerrübenanbaus

Aussagen über die regionale Wettbewerbsstellung des Zuckerrübenanbaus bedürfen der Analyse der relativen Vorzüglichkeit der Zuckerrübenproduktion. Diese beinhaltet, neben den bisher untersuchten Bestimmungsfaktoren Standort und Struktur, die regionalen Produktions- und Opportunitätskosten unter Berücksichtigung der Nebenprodukterlöse aus der Zuckerrübenproduktion. Die Bestimmung der relativen Vorzüglichkeit erfolgt in drei Schritten:

1. Ermittlung der regionalen *Opportunitätskosten*. Das Ergebnis wird als *„intraregionale Vorzüglichkeit"* bezeichnet.

2. Ermittlung der regionalen *Produktionskosten*. Diese spiegeln die *„interregionale Vorzüglichkeit"* wider.

3. Aggregation der „intraregionalen Vorzüglichkeit" und der „interregionalen Vorzüglichkeit" zur „relativen Vorzüglichkeit".

Die intraregionale Vorzüglichkeit

Die intraregionale Vorzüglichkeit beschreibt die innerbetriebliche Wettbewerbsituation[30] des Zuckerrübenanbaus gegenüber seiner stärksten Konkurrenzfrucht[31] um den knappen Faktor Boden. Unter der c.p.-Bedingung für die Produktionskosten und Absatzpreise ermöglicht die Ertragsrelation direkte Rückschlüsse auf die regionalen Opportunitätskosten, und zwar: Je weiter die Ertragsrelation Zucker- zu Getreideertrag[32] in einer Region, desto geringer sind die anfallenden Opportunitätskosten und desto vorteilhafter ist damit der Zuckerrübenanbau. In Deutschland nimmt die regionale Vorteilhaftigkeit des Zuckerrübenanbaus von Nord- nach Süddeutschland zu. Schleswig-Holstein weist mit 0,9 eine Relation < 1 aus. Niedersachsen, Nordrhein-Westfalen, Mecklenburg-Vorpommern und Sachsen-Anhalt haben mit 1,0 und 1,1 ausgeglichene Relationen. In Süddeutschland steigt die Relation über 1,3 in Hessen, Sachsen und Thüringen bis auf 1,4 in Rheinland-Pfalz und Baden-Württemberg und sogar 1,5 in Bayern an. Die hohe Ertragsrelation in Brandenburg ist nicht aussagefähig, weil einem geringen Rübenanbau auf guten Standorten ein hoher Getreideanbau auf unterdurchschnittlichen Ertragsstandorten gegenübersteht. Daraus folgt,

---

[30] Schmidt, E.: a.a.O., S. 766.

[31] Die Konkurrenzsituation zur stärksten Getreideart (Winterweizen), weil alle Betriebe mit Rübenanbau ebenfalls Getreide anbauen.

[32] Sommer, U.: Analyse und Bewertung der Sonderbestimmungen in der EWG-Zuckermarktordnung. „Forschungsanstalt für Landwirtschaft", Braunschweig-Völkenrode 1978, S. 16 ff.
(o.Vierling/Mahler).

Übersicht 9 - Durchschnittliche regionale Zucker- und Getreideerträge sowie Ertragsrelation differenziert nach Bundesländern (∅ 1998/1999-2000/2001)

	Zuckerertrag in t/ha	Getreideertrag in t/ha[1]	Ertragsrelation Zucker : Getreide
Schleswig-Holstein	8,2	9,7	0,9
Niedersachsen	8,7	8,3	1,0
Nordrhein-Westfalen	8,8	8,1	1,1
Mecklenburg-V.	7,9	6,9	1,1
Sachsen-Anhalt	7,8	7,2	1,1
Hessen	9,5	7,2	1,3
Sachsen	8,4	6,5	1,3
Thüringen	8,7	6,9	1,3
Rheinland-Pfalz	9,3	6,6	1,4
Baden-Württemberg	9,9	6,9	1,4
Bayern	10,4	6,9	1,5
Brandenburg	7,7	4,9	1,6

1) Jeweils Weichweizenertrag mit Ausnahme Brandenburg (Wintergerste).

Quellen: WVZ: Stat. Tabellenbuch. a.a.O., versch. Jgg., - StBA: Fachserie 3, Reihe 3, Landwirtschaftliche Bodennutzung und Erzeugung. Metzler-Poeschel, Stuttgart u. Mainz, versch. Jgg. - Eigene Berechnungen.

dass der Zuckerrübenanbau in Deutschland im Norden mit den höchsten und im Süden mit den niedrigsten Opportunitätskosten belastet wird und die „intraregionale Vorzüglichkeit" somit in Norddeutschland vergleichsweise am niedrigsten ist.

Die interregionale Vorzüglichkeit

Die Bewertung der interregionalen Vorzüglichkeit erfolgt auf Basis der durchschnittlichen regionalen Produktionskosten je t Ww. Diese setzen sich aus den regionalen proportionalen Spezial- und disproportionalen Spezial- sowie Gemeinkosten[33] je ha Zuckerrübenanbau zusammen:

1. Die proportionalen Spezialkosten:

    Die proportionalen Spezialkosten bzw. variablen Kosten setzen sich aus dem ertragssteigernden Aufwand sowie den variablen Maschinen- und Lohnkosten zusammen. Der ertragssteigernde Aufwand beinhaltet die Aufwendungen für Saatgut, die gebietsabhängig kaum divergieren, Dünger sowie Pflanzenschutz, wobei letztere stärkeren regionalen Schwankungen unterliegen. Die Bestimmung der Düngekosten erfolgt nach Entzug. Eine Düngeoptimierung auf der Grundlage von Bodenproben und zum Teil auch computergestützten Programmen[34] gehört im Zucker-

---

[33] Steinhauser, H.; Langbehn, C.; Peters U.: Einführung in die landwirtschaftliche Betriebslehre Allgemeiner Teil. 5. Auflage, Eugen Ulmer Verlag, Stuttgart 1992, S. 170.

[34] Z.B. ABO von Landwirtschaftlichen Informationsdienst Zuckerrübe.

rübenanbau zur guten fachlichen Praxis und ist zudem vom Gesetzgeber durch die Düngerverordnung vorgeschrieben[35]. Die zugrunde gelegten Aufwendungen für Pflanzenschutz basieren auf Datenerhebungen von Landwirtschaftskammern und Anbauverbänden. Zur Berechnung der variablen Maschinen- und Lohnkosten dienen KTBL-Standardsätze unter der Annahme der Eigenerledigung aller Arbeiten mit Ausnahme des Rübenrodens. Als Rodekosten sind - zur Gewährleistung einer weitestgehenden Vergleichbarkeit - regional übliche Lohnunternehmertarife unterstellt. Sowohl die regionalen variablen Maschinen- und Lohnkosten als auch die Rodekosten variieren hauptsächlich aufgrund regionaler Unterschiede in der Betriebsgröße.

2. Die disproportionalen Spezial- und Gemeinkosten:

Diese Kosten, auch als fixe Kosten bezeichnet, umfassen die mittelfristig unveränderlichen Kosten eines Betriebes, d.h. fixe Maschinenkosten, Abschreibung (Afa) und Zins, Gebäudekosten, Gemeinkosten wie Versicherungs-, Büroaufwand und den Lohnansatz für das Betriebsmanagement. Als Datengrundlage dienen Buchführungsergebnisse der Landwirtschaftskammern bzw. ähnlicher Institutionen und Normdatenstatistiken.

Die interregionale Vorzüglichkeit des Zuckerrübenanbaus weist Übersicht 10 aus, in der die Bundesländer nach steigenden Produktionskosten aufgeführt sind:

- Thüringen hat mit Produktionskosten von 116 €/t Ww die größte interregionale Vorzüglichkeit vor Sachsen mit 120 €/t Ww und Bayern mit 124 €/t Ww. Thüringen und Sachsen erreichen ihre Wettbewerbsvorteile durch geringe variable sowie fixe Maschinen- und Lohnkosten. Demgegenüber kompensiert in Bayern die hervorragende Ertragssituation aufgrund der natürlichen Verhältnisse die strukturbedingten Kostennachteile.

- In Mecklenburg-Vorpommern, Baden-Württemberg, Sachsen-Anhalt, Niedersachen, Nordrhein-Westfalen und Brandenburg liegen die Kosten mit 127 - 130 €/t Ww im mittleren Bereich. Interessant dabei ist, dass dieser einheitlichen Kostensituation ganz unterschiedliche Produktionsbedingungen zugrunde liegen:

  - In Mecklenburg-Vorpommern, Sachsen-Anhalt und Brandenburg: vergleichsweise geringe Kosten je ha bei geringen Erträgen.
  - In Baden-Württemberg: vergleichsweise hohe Kosten je ha bei hohen Erträgen.
  - In Niedersachsen und Nordrhein-Westfalen: durchschnittliche Kosten je ha bei durchschnittlichen Erträgen.

---

[35] Verordnung über die Grundsätze der guten fachlichen Praxis beim Düngen: Düngeverordnung vom 26. Januar 1996. BGBl. Teil I vom 6. Februar 1996, S. 118; geändert durch Artikel 2 der Verordnung vom 16. Juli 1997 (BGBl. I S. 1836).

Übersicht 10 - Produktionskosten des Zuckerrübenanbaus in den Bundesländern[1] (∅ 1998/99-2000/01)

	Ertrag in t/ha	Fixe Kosten in €/ha[2]	Spezialkosten in €/ha[3]	Var.- Maschinenkosten in €/ha	Produktionskosten €/ha	€/t Ww
Thüringen	8,7	398	550	364	1.312	116
Sachsen	8,4	398	549	364	1.311	120
Bayern	10,4	626	628	488	1.742	124
Mecklenburg-V.	7,9	398	533	364	1.295	127
Baden-W.	9,9	626	621	478	1.725	128
Sachsen-A.	7,8	398	540	364	1.302	128
Niedersachsen	8,7	520	539	434	1.493	129
Nordrhein-W.	8,7	521	543	443	1.507	129
Brandenburg	7,7	398	537	364	1.299	130
Schleswig-H.	8,2	520	533	414	1.467	133
Hessen	9,5	626	614	478	1.718	133
Rheinland-Pfalz	9,3	626	612	478	1.716	136

1) Ohne Stadtstaaten und Saarland. - 2) Inkl. der Lohnkosten aber ohne Betriebsmanagement. - 3) Inkl. kalkulatorischem Zinsanspruch für Umlaufvermögen (Saatgut, Dünger, Pflanzenschutz) mit Zinssatz 6 v.H. und einer Bindungsdauer von 9 Monaten.

Quellen: Landwirtschaftskammer Rheinland: Arbeitskreis für Betriebsführung Köln-Aachener Bucht, Auswertung der Schlagkartei für Zuckerrüben. Bonn, versch. Jgg. - Landwirtschaftskammer Schleswig-Holstein: Kalkulationsdaten. Kiel, April 2002. - Kuratorium für Technik und Bauwesen in der Landwirtschaft (KTBL): Taschenbuch Landwirtschaft, Darmstadt, versch. Jgg. - Eigene Erhebungen und Berechungen.

• Die interregionale Vorzüglichkeit ist in Rheinland-Pfalz, Hessen und Schleswig-Holstein am geringsten. Die Kostennachteile resultieren in Schleswig-Holstein (133 €/t Ww) aus den niedrigen Erträgen, wohingegen in Hessen (133 €/t Ww) und Rheinland-Pfalz (136 €/t Ww) bei guten Erträgen hohe fixe Kosten die Wettbewerbsfähigkeit beeinträchtigen.

Aggregation der „intra- und interregionalen Vorzüglichkeit" zur relativen Vorzüglichkeit

Die Beurteilung der relativen regionalen Vorzüglichkeit des Rübenanbaus erfolgt anhand einer Vollkostenanalyse in €/t Ww, d.h. durch Ergänzung der Produktionskosten um die Opportunitätskosten und Nebenprodukterlöse. Als Nebenprodukterlöse sind im Zuckerrübenanbau die Schnitzelvergütung und die positive Vorfruchtwirkung der Zuckerrübe in Ansatz zu bringen. Dabei hängen die Einnahmen aus dem Verkauf des

Rübenmarkes vom Rübenertrag ab. Der Vorfruchtwert wird pauschal mit etwa 4 dt Winterweizen je ha[36] angesetzt.

Übersicht 11 - Vollkosten des Zuckerrübenanbaus in den Bundesländern[1]
(Ø 1998/99 – 2000/01)

	Zuckerertrag in t/ha Ww	Produktionskosten in €/ha	Nutzungskosten in €/ha[2]	Nebenprodukte/Vorfruchtwert in €/ha[3]	Vollkosten in €/ha	€/t Ww
Bayern	10,4	1.742	335	274	**1.803**	**174**
Baden-W.	9,9	1.725	315	266	**1.774**	**180**
Thüringen	8,7	1.312	484	220	**1.576**	**181**
Brandenburg	7,7	1.299	323	202	**1.420**	**185**
Sachsen	8,4	1.311	486	218	**1.579**	**188**
Rheinland-Pfalz	9,3	1.716	278	252	**1.742**	**188**
Hessen	9,5	1.718	325	255	**1.788**	**189**
Nordrhein-W.	8,7	1.507	420	237	**1.690**	**193**
Niedersachsen	8,7	1.493	414	227	**1.680**	**194**
Mecklenburg-V.	7,9	1.295	474	197	**1.572**	**200**
Sachsen-Anhalt	7,8	1.302	515	207	**1.610**	**206**
Schleswig-H.	8,2	1.467	625	219	**1.873**	**227**

1) Ohne Stadtstaaten und Saarland. - 2) Deckungsbeitrag der alternativen Getreideproduktion bei einem Erzeugerpreis von 10 €/dt Weizen. - 3) Schnitzelvergütung 0,34 €/dt Rüben, Vorfruchtwert gegenüber Weizen ca. 4 dt/ha.

Quellen: vgl. Übersicht 10. - Landwirtschaftskammer Rheinland: Arbeitskreis für Betriebsführung Köln-Aachener Bucht, Auswertung der Schlagkartei für Getreide. Bonn, versch. Jgg. - KTBL: Standarddeckungsbeiträge. Darmstadt, versch. Jgg. - Eigene Erhebungen und Berechungen.

Aus den in Übersicht 11 ausgewiesenen Werten lässt sich folgende Rangfolge der relativen Vorzüglichkeit ableiten:

1. In Bayern und Baden-Württemberg hat der Zuckerrübenanbau mit Vollkosten von 174 bzw. 180 €/t Ww - trotz der höchsten Produktionskosten - die größte relative Vorzüglichkeit aufgrund hoher Zuckererträge und geringer Nutzungskosten.

2. Thüringen und Brandenburg haben ebenfalls geringe Vollkosten, erreichen diese jedoch, trotz vergleichsweise geringer Zuckererträge, infolge der strukturbedingt niedrigen Produktionskosten.

3. In Mecklenburg-Vorpommern, Sachsen-Anhalt und Schleswig-Holstein variieren die Kosten des Zuckerrübenanbaus zwischen 200 – 227 €/t Ww. Als Ursache für die hohen Vollkosten lassen sich das niedrige Zuckerertragsniveau und die beträchtlichen Nutzungskosten herausstellen.

---

[36] Winner, C.: Wettbewerbskraft der Zuckerrübe. In: BML (Hrsg.): Berichte über die Landwirtschaft, Bd. 56 (1978), S. 131.

Die hohen Vollkosten in Bayern und Baden-Württemberg bei geringen Nutzungskosten verdeutlichen die Strukturschwäche in diesen Regionen und das mögliche Kostensenkungspotenzial durch Strukturverbesserungen.

3.1.4 Vollkosten des Quotenrübenanbaus in Abhängigkeit von der C-Rübenerzeugung

Die Regulierung eines Marktes mittels einer Quotenregelung führt in der Landwirtschaft - wie auch in anderen Sektoren - i.d.R. zu einer Überschreitung der vorgegebenen Produktionsmenge. Die Ursachen der Zuckerquotenüberschreitung liegen darin begründet, dass die Anbaufläche am witterungsbedingt niedrigsten Ertragsniveau ausgerichtet wird, um dass Kontingent permanent auszuschöpfen. Damit wollen die Landwirte einerseits die Gewinnmöglichkeiten nutzen und andererseits die Gewinnschwankungen minimieren. Von großer Bedeutung ist jedoch auch die Befürchtung, dass die Quote bei regelmäßiger Nichtausschöpfung gekürzt wird. Aus dem Erlös für C-Zucker auf dem Weltmarkt leitet sich ein C-Rübenpreis ab, der die Produktionskosten nicht deckt. Diese Verluste reduzieren die Gewinne aus der Quotenzuckerproduktion.

Übersicht 12 weist die regionale Zuckerproduktion über die Höchstquote in v.H. aus:

Übersicht 12 - Regionale Zuckerproduktion über die Höchstquote nach Übertrag in v.H. (1997/98 - 2000/01)

Überschuss-Zucker im Jahr	Norddeutsch-land in v.H.	Westdeutsch-land in v.H.	Süddeutsch-land in v.H.	Ostdeutsch-land in v.H.
2000/01	42,7	48,7	60,6	35,6
1999/00	32,4	30,2	42,1	26,0
1998/99	17,9	5,7	30,0	20,7
1997/98	24,3	20,4	26,0	23,4
Ø-Anteil in v.H.	29,3	26,2	39,7	26,4

Quellen: WVZ: Stat. Tabellenbuch. a.a.O., versch. Jgg. - Eigene Berechnungen.

In den einzelnen Jahren kommt es witterungsbedingt zu beträchtlichen Schwankungen. Die durchschnittliche Abweichung ist in Süddeutschland am größten, in den übrigen Regionen in etwa gleich hoch. Dieser prozentuale Überhang entspricht der relativ zuviel eingesetzten Rübenanbaufläche, um deren Nutzungskosten sich die Gewinne aus der Quotenerzeugung zusätzlich reduzieren.

Der Gesamtverlust aus der C-Rübenproduktion setzt sich damit aus den nicht gedeckten Produktionskosten sowie den Nutzungskosten der C-Rübenfläche zusammen. Diese beiden Kostenelemente werden in Übersicht 13 ausgewiesen.

28

Übersicht 13 - Verlust aus der C-Rübenproduktion (in €/t Ww)

	Ertrag in t Ww/ha	Überschuss- anbau in ha/t Ww	Verlust aus Produktion €/ha[1]	Nutzungs- kosten in €/ha	Verlust insgesamt €/t Ww
Brandenburg	7,7	0,034	859	323	40
Thüringen	8,7	0,031	827	484	41
Sachsen	8,4	0,031	831	486	41
Nordrhein-W.	8,7	0,031	980	420	43
Mecklenburg-V.	7,9	0,034	867	474	46
Sachsen-Anhalt	7,8	0,034	850	515	46
Niedersachsen	8,7	0,034	991	414	47
Baden-W.	9,9	0,040	1.127	315	58
Bayern	10,4	0,040	1.124	335	58
Schleswig-H.	8,2	0,037	986	625	60
Rheinland-P.	9,3	0,044	1.152	278	63
Hessen	9,5	0,044	1.147	325	65

1) Produktionskosten abzgl. Nebenprodukterlös und Verkaufserlös der C-Rüben; C-Rübenpreis: 5 €/t Rüben.

Quellen: Übersichten 5, 11 und 12. - Eigene Berechnungen.

Die Berechnungen zeigen, dass die C-Rübenproduktion die Gewinne der Quotenzuckererzeugung in Ostdeutschland mit 40 - 46 €/t Ww aufgrund der geringen Produktionskosten weniger stark belasten als in den westlichen Bundesländern. Dies ist auf den geringen C-Rübenanteil und die vergleichsweise niedrigen Produktionskosten zurückzuführen[37].

3.2 Bestimmungsfaktoren der Kosten der Zuckerrübenverarbeitung

Im Gegensatz zu den Kosten des Zuckerrübenanbaus hängen die Kosten der Zuckerrübenverarbeitung zum größten Teil von beeinflussbaren Faktoren ab. Der Zuckergewinnungsprozess ist ein betriebswirtschaftlich und produktionstechnisch optimierbarer Vorgang. Es besteht die Möglichkeit, die Leistungsfähigkeit der Zuckerindustrie anhand technischer und ökonomischer Kennzahlen zu untersuchen. Im folgenden Kapitel werden die wichtigsten Bestimmungsfaktoren der Produktionskosten untersucht.

Die Verarbeitungskapazität und Kapazitätsauslastung der Zuckerfabriken, die Qualität der Zuckerrüben sowie die Kosten des Transports der Zuckerrüben zur Zuckerfabrik gelten als die Bestimmungsfaktoren mit dem größten Einfluss auf die Verarbeitungs-

---

[37] Nutzungskosten unterhalb der Flächenausgleichsprämie können theoretisch nur dann in Ansatz gebracht werden, wenn die Ausgleichszahlung im Getreidebau an die Produktion gebunden ist. Bei einer Entkopplung der Prämien von der Produktion erfolgt eine Einstellung des Getreideanbaus, falls der Gewinn nicht mindestens der Ausgleichszahlung entspricht. Diese Aussage trifft in der Praxis jedoch nur bedingt zu, weil der Getreideanbau z.T. auch bei Gewinnen unterhalb der Prämie rentabel ist (vgl. Friedrichsen, P.: Mulchen oder aktiven Ackerbau betreiben? „Bauernblatt", Jg. 58/154, Nr. 42/2004, S. 20 ff.).

kosten der Zuckerindustrie[38]. Die beiden ersten Größen sind dabei unabhängig vom Standort der Fabrik, wohingegen die Qualität der Zuckerrüben sowie die Transportkosten regionalen Einflüssen unterliegen. Die unterschiedliche Ausprägung dieser vier Faktoren auf die Verarbeitungskosten wird im folgenden analysiert.

3.2.1 Die Verarbeitungskapazität

Als Kennziffer für die Verarbeitungskapazität dient die in Tagestonnen (tato) angegebene Rüben-Verarbeitungskapazität einer Zuckerfabrik pro Tag. Unter der Annahme konstanter Kosten in der Rohstoffbeschaffung und dem Produktabsatz führen zunehmende Fabrikgrößen zu „economies of size"[39] (vgl. Übersicht 14). Der Kostenvergleich verdeutlicht folgende Zusammenhänge:

Übersicht 14 - Die Verarbeitungskosten in €/t Ww in Abhängigkeit von der Verarbeitungskapazität der Zuckerfabrik (in tato)

	Verarbeitungskapazität in tato[1]			
	7.500	10.000	12.500	16.500
	Beträge in €			
Investition je tato [2]	21.598	20.315	18.711	17.107
Fixe Kosten je t/Ww	**253**	**212**	**178**	**153**
Afa je t Ww[3]	122	85	61	42
Zins je t Ww[4]	34	32	29	27
Arbeit/Instandhaltung je t Ww[5]	81	80	74	71
Sonstiges je t Ww[6]	16	15	14	13
Variable Kosten je t Ww	**66**	**66**	**66**	**66**
Energie je t Ww	34	34	34	34
Betriebsstoffe je t Ww	7	7	7	7
Saisonarbeit je t Ww[7]	4	3	3	3
Sonstiges je t Ww[8]	22	22	22	22
Verarbeitungskosten je t Ww	**319**	**278**	**244**	**219**

1) Kampagnedauer 90 Tage; Ausbeute 15 v.H. - 2) Aufteilung Investitionssumme Anlage zu Gebäude 60:40. - 3) Abschreibungszeitraum Gebäude 50 J., Anlage 15 J. - 4) Langfristiger Zins 7 v.H. - 5) Instandhaltung: Jährlich 2 v.H. des Anlage- u. 1 v.H. des Gebäudewertes. - 6) 1 v.H. des Anschaffungswertes. - 7) 5 v.H. der festen Personalkosten. - 8) Zinsen Umlaufkapital, Zinssatz 6 v.H.

Quellen: Schriftliche Mitteilung: Herr Dr. H. Esser, Pfeifer & Langen, vom 13. März 2000. - Nordzucker AG: Geschäftsberichte. Braunschweig, versch. Jgg. - Südzucker AG: Geschäftsberichte. Mannheim, versch. Jgg. - Pfeifer & Langen: Geschäftsberichte. Köln, versch. Jgg. (unveröffentlicht). - WVZ: Jahresbericht. a.a.O., versch. Jgg. - Statistik der Kohlenwirtschaft e.V.: Entwicklung ausgewählter Energiepreise. Köln, 2002. - Eigene Berechnungen.

---

[38] Schulenburg, W. Graf von der: Betriebswirtschaftliche und strukturelle Problem der Zuckerindustrie in der Bundesrepublik Deutschland. „Agrarwirtschaft", Hannover 1960, Sonderheft 9, S. 95 ff.

[39] Schulenburg, W. Graf von der: a.a.O., S. 65 ff.

- Die fixen Kosten, die sich zu ca. 90 v.H. aus Arbeits- und Kapitalkosten zusammensetzen und je nach Größenklasse der Fabrik zwischen 70 - 80 v.H. der Gesamtkosten umfassen, sinken, weil die spezifischen Investitionskosten sowie Arbeitskosten mit steigender Verarbeitungskapazität abnehmen.

- Die variablen Kosten, die in etwa zur Hälfte aus Energiekosten bestehen, sind unabhängig von der Verarbeitungskapazität. Sie betragen in allen Fabrikgrößenklassen ca. 66 €/t Ww.

Eine Fabrik mit einer Verarbeitungskapazität von 16.500 tato c.p. hat gegenüber einer Fabrik mit 7.500 tato einen Kostenvorteil von ca. 30 v.H. bzw. ca. 100 €/t Ww, bei einer unterstellten Auslastung von 90 Tagen und einer durchschnittlichen Ausbeute von 15 v.H. Zucker. Die Kostendegression in Anlagen über 16.500 tato ist nach derzeitigem technischen Stand offensichtlich nur gering. Die Kostenvorteile werden durch den Anstieg der Transportkosten mit der Vergrößerung des Einzugsradius verringert (vgl. Kap. 3.2.4).

3.2.2 Kampagnedauer in Tagen

Eine Verlängerung der Kampagne ist durch eine höhere Verarbeitungsmenge bedingt. Betriebswirtschaftlich betrachtet, führt dies zu einer höheren Auslastung der Produktionsanlage und damit zu „economies of scale". D.h., die Fixkosten werden auf eine größere Menge bezogen, so dass die durchschnittlichen Stückkosten sinken.

Eine Kampagneverlängerung ist ökonomisch nur dann sinnvoll, wenn es bis zum Ende der Kampagne nicht zu gravierenden Qualitätseinbußen bei der Zuckerrübe kommt. In den 70er und frühen 80er Jahren wurde von einem Zuwachs des Zuckerertrags und der Ausbeute um vier Prozentpunkte von ca. 11 auf 15 v.H. von Beginn der Kampagne (Anfang September) bis etwa Ende November ausgegangen. In der Zeit bis Weihnachten nahmen der Zuckerertrag und die Ausbeute dann wieder um drei Prozentpunkte ab[40]. Die Ursache hierfür lag nach heutigen Erkenntnissen in dem falschen Umgang mit dem Rohstoff Zuckerrübe. Eine Kombination aus schlechtem Rodemanagement und unsachgemäßer Lagerung verursachte Atmungsverluste und Frostschäden, die zu massiven Qualitätsverlusten führten, so dass eine Kampagneverlängerung über einen gewissen Zeitraum hinweg als unrentabel erschien[41]. Aufgrund des Züchtungsfortschritts und der inzwischen gewonnenen Erfahrung im Rübenhandling, z.B. der Mietenabdeckung zur Verringerung der Atmungs- und Frostverluste, entspricht heute die Entwicklung der Ausbeuteprozente über den gesamten Kampagnezeitraum nicht mehr einer Normalverteilungskurve, sondern gleicht einer limitationalen Produktionsfunktion. D.h., die Werte steigen bei frühem Kampagnebeginn zunächst linear an und stag-

---

[40] Strube, C.: Modellanalyse zur Bestimmung der langfristig optimalen Kampagnedauer bei Rübenzuckerfabriken. „Agrarwirtschaft", Jg. 21, Nr. 11/1972, S. 391 ff.; - Landwirtschaftlicher Informationsdienst Zuckerrübe (LIZ): Kampagnewerte 2002. Internet: http://www.liz-online.de/eh/ernte/tagm/app_kopf.htm (zuletzt am 8. Januar 2003).

[41] Schmitz, S.: Kurzzeitlagerung von Zuckerrüben in Feldrandmieten. Diss., Universität Bonn 2003, S. 19 ff.

nieren dann auf dem erreichtem Niveau bis weit in den Monat Dezember[42]. Dadurch sank der Einfluss der Zuckerrübenqualität auf die Kampagnedauer. Somit ist heute eine Zeitspanne von 115 - 120 Tagen eine durchaus realisierbare Kampagnedauer, bei der keine großen Rübenqualitätsverluste in Kauf genommen werden müssen. Dieses zeigen die Ergebnisse einiger Fabriken[43], die insbesondere in ertragreichen Jahren die Rüben in Kampagnen mit der o.a. Dauer problemlos verarbeiteten.

Schaubild 4 - Die Verarbeitungskosten in €/t Ww in Abhängigkeit von der Fabrikgröße und der Kampagnedauer (in Tagen)

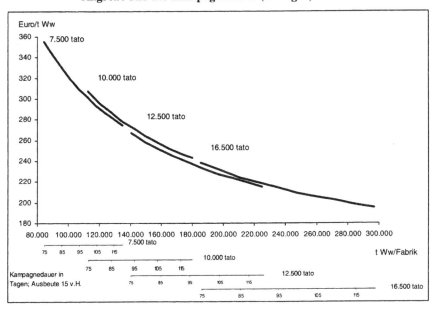

Quellen: Eigene Berechnungen.

Aus Schaubild 4 lassen sich folgende Effekte der Kapazitätsauslastung auf die Verarbeitungskosten der Zuckerindustrie ableiten:

1. Die Erhöhung der Kapazitätsauslastung, d.h., die Verarbeitung einer größeren Rübenmenge durch die Verlängerung der Kampagnedauer, senkt die Verarbeitungskosten.

2. Die realisierbare Kostendegression nimmt mit zunehmender Fabrikgröße wegen des vergleichsweise niedrigeren Fixkostenanteils ab. Eine 7.500 tato Fabrik hat bei einer Ausdehnung der Kampagne von 75 auf 120 Tage ein Einsparungspotential

---

[42] Landwirtschaftskammer Rheinland: a.a.O., versch. Jgg.
[43] N.N.: Kampagnedaten der Zuckerfabriken. „Zuckerindustrie", Nr.1/versch. Jgg.

von 81 €/t Ww, eine 16.500 tato Fabrik dagegen nur von 43 €/t Ww. Trotzdem ist die Verarbeitung in der nächst größeren Fabrikklasse ab einer Auslastung von ca. 90 Tagen kostengünstiger, weil die durchschnittlichen Gesamtkosten geringer sind.

3.2.3 Die Ausbeute der Zuckerrüben

Mit steigender Ausbeute sinkt die erforderliche Rübenmenge für die Erzeugung von einer t Ww. D.h., bei gegebener Nennleistung (in tato) und Verarbeitungskapazität (in Tagen/ max. 120) steigt die Gesamtzuckerproduktion der Fabrik an, so dass die Fixkosten pro t Ww sinken. Zusätzlich sinken die variablen Verarbeitungskosten, die proportional zu der für eine t Ww erforderlichen Rübenmenge anfallen (vgl. Schaubild 5).

Schaubild 5 - Die Abhängigkeit der Verarbeitungskosten von steigenden Ausbeutesätzen am Beispiel einer 10.000 tato Fabrik (in €/t Ww)

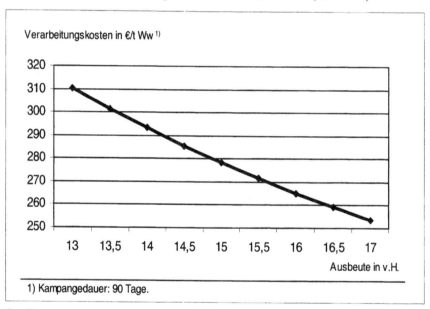

Quelle: Eigene Berechnungen.

Durchschnittskalkulationen beruhten in der Vergangenheit im Allgemeinen auf einer Ausbeute von 13 v.H. bzw. einem Transformationsfaktor von 7,69. Von diesem Wert wird auch derzeit noch in der EU-Zuckermarktordnung ausgegangen. Nach deutlichen Qualitätsverbesserungen in den 90er Jahren kann heute allerdings - je nach Region - in Deutschland mit einer Ausbeute von 15 bis 17 v.H. bzw. Faktoren von 6,67 bis 5,88 gerechnet werden. Diese Verbesserung führte in allen Regionen zu Kostensenkungen, so dass weiterhin regional ausbeutebedingte Kostenunterschiede bestehen. Diese betragen z.B. bei einer 10.000 tato Fabrik pro Prozentpunkt Differenz in der Ausbeute ca. 15 €/t Ww (vgl. Schaubild 5).

3.2.4 Die Erfassungskosten

Die Kosten der Rübenerfassung - Transport der Zuckerrüben zur Fabrik und Annahme der Rüben in der Fabrik - trägt die Zuckerindustrie. D.h., die Zuckerfabrik vergütet den Landwirten die entstehenden Transportkosten. Die Vergütung je t Zuckerrüben und Transportkilometer variiert zwischen den Regionen und Unternehmen. Marginale Unterschiede bei der Berechnung der Frachtkosten bestehen in der Bestimmung der Wegstrecke und der Pauschalvergütung für die mitgelieferten Schmutzanteile, die in den jeweilig ausgehandelten Branchenvereinbarungen[44] festgehalten werden.

Die Kosten des Transports der Zuckerrüben zur Fabrik können mit Hilfe eines Erfassungskostenmodells bestimmt und verglichen werden. Der Trend der Rübenerfassung geht zum organisierten Transport per LKW, auf dem auch das nachstehend formulierte Modell bei gegebenen Nutzungskosten pro LKW und km basiert. Es errechnet die Erfassungskosten unter der Annahme eines homogenen, kreisförmigen Produktionsgebietes[45]. Einige Variablen, wie z.B. die Lademenge pro Erfassungsstelle oder der Marktanteil je Unternehmen, können aufgrund mangelnder Variabilität im Zuckerrübentransport vernachlässigt werden, so dass sich die maßgeblichen Variablen des Modells auf vier reduzieren:

1. Die Verarbeitungsmenge in t Rüben pro Fabrik und Jahr

2. Die Produktionsdichte im Zuckerrübenanbau in t/qkm

3. Den Schmutzanteil in v.H.

4. Die Ausbeute in v.H.

---

[44] Die Pauschalvergütungen für Schmutzanteile divergieren zwischen 10 und 15 v.H.; die Kilometerberechung variiert von der kürzesten möglichen Wegstrecke (Feld-Fabrik) in Norddeutschland bis hin zu Kilometerstaffelungen im Rheinland (vgl. Nordzucker AG und Dachverband Norddeutscher Zuckerrübenanbauer: Branchenvereinbarung. Braunschweig, 2001. - Pfeifer & Langen und Rheinischer Rübenbauern-Verband: Branchenvereinbarung. Bonn, 2001. - Südzucker AG und Verband Süddeutscher Rübenanbauer: Branchenvereinbarung. Mannheim, 2001).

[45] Vgl. Grosskopf, W.: Bestimmung der optimalen Größen und Standorte von Verarbeitungsbetrieben landwirtschaftlicher Produkte. „Agrarwirtschaft", Hannover 1971, Sonderheft 45, S. 17 ff. - Render, H.: a.a.O., S. 54 ff.

Übersicht 15 - **Die durchschnittlichen Erfassungskosten von Zuckerrüben in €/t Ww in Abhängigkeit von der Verarbeitungskapazität, der Produktionsdichte, den Gesamtabzügen und der Ausbeute**

Produktions-dichte Zuckerrüben in t/km²	Gesamt-abzüge in v.H.	Durchschnittliche Erfassungskosten[1)]											
		Verarbeitungskapazität pro Fabrik in tato											
		7.500			10.000			12.500			16.500		
		Verarbeitungsmenge in t Rüben pro Fabrik und Jahr[2)]											
		675.000			900.000			1.125.000			1.485.000		
		Zuckerausbeute in v.H.											
		15	16	17	15	16	17	15	16	17	15	16	17
	v.H.	in €/t Ww											
1.500	8	19,5	18,3	17,2	21,4	20,0	18,8	23,0	21,5	20,3	25,2	23,6	22,3
	10	20,0	18,7	17,6	21,8	20,5	19,3	23,5	22,0	20,7	25,8	24,2	22,8
	12	20,4	19,2	18,0	22,3	20,9	19,7	24,0	22,5	21,2	26,4	24,7	23,3
500	8	28,1	26,4	24,8	31,3	29,3	27,6	34,1	31,9	30,1	38,0	35,6	33,5
	10	28,8	27,0	25,4	32,0	30,0	28,2	34,8	32,7	30,7	38,8	36,4	34,3
	12	29,4	27,6	26,0	32,7	30,7	28,9	35,6	33,4	31,4	39,7	37,2	35,0
100	8	53,3	50,0	47,0	60,4	56,6	53,3	66,6	62,4	58,7	75,3	70,6	66,5
	10	54,5	51,1	48,1	61,7	57,8	54,4	68,0	63,8	60,0	77,0	72,2	67,9
	12	55,7	52,3	49,2	63,1	59,2	55,7	69,6	65,2	61,4	78,7	73,8	69,5

1)Nutzlast LKW: 27 t; Fixkosten von 387 € pro Tag und LKW; variable Kosten von 0,73 €/km; Verhältnis von Luftlinie zu Straßenkilometer 1:1,3; - Risikozuschlag 10 v. H.; - 2) Verarbeitungsmenge ergibt sich aus der Verarbeitungskapazität multipliziert mit 90 Kampagnetagen .

Quellen: Pittrohf, K.: KURT für den Güterkraftverkehr. Verkehrs-Verlag J. Fischer, Düsseldorf 1999. - Schriftliche Mitteilungen: Herr G. Kullmann, Pfeifer & Langen, vom 29. März 2000. - Herr H. Schwichtenberg, Bundesverband Güterkraftverkehr Logistik und Entsorgung (BGL) e.V., vom 14. August 2002.

Aus Übersicht 15 lassen sich folgende Abhängigkeiten der Erfassungskosten von den zuvor genannten Variablen ableiten:

1. Die Produktionsdichte ist der wichtigste Bestimmungsfaktor der Erfassungskosten. Ein Anstieg der Produktionsdichte von 100 t/qkm auf 1.500 t/qkm bedingt für eine 16.500 tato Fabrik eine Einsparung von ca. 45 €/t Ww, bei einer 7.500 tato Fabrik von ca. 30 €/t Ww.

2. Die Erfassungskosten steigen mit zunehmender Fabrikgröße und damit Vergröße-rung des Einzugsgebietes.

3. Ein Anstieg der Zuckerausbeute um einen Prozentpunkt bewirkt eine Senkung der Transportkosten um ca. 6 v.H., aus der Verringerung der Gesamtabzüge um einen Prozentpunkt resultiert eine Kosteneinsparung um ca. 1 v.H.. Hohe Zuckerausbeu-ten und geringe Gesamtabzüge führen in größeren Unternehmen zu beträchtlichen Einsparungen. Diese Kennziffern und ihre Verbesserung gewinnen somit im Hin-blick auf einen Strukturwandel und die damit verbundenen größeren Betriebsein-heiten für eine Optimierung der Erfassungskosten an Bedeutung.

Unter günstigen Erfassungsbedingungen (Produktionsdichte 1.500 t/qkm, Gesamtab-züge 8 v.H., Zuckerausbeute 17 v.H.) liegen die Erfassungskosten in einer 16.500 tato Fabrik um ca. 5 €/t Ww höher als in einer 7.500 tato Fabrik. Dieser Kostennachteil steigt auf ca. 23 €/t Ww unter ungünstigen Erfassungsbedingungen. Ein Vergleich der Ergebnisse dieses Modells mit den Ergebnissen älterer Untersuchungen (z.B. Render[46] 1989) zeigt, dass die Erfassungskosten unter der c.p. Bedingung der Qualitätsparame-ter in den letzten 15 Jahren nominal annähernd konstant geblieben, d.h., real unter Be-rücksichtigung der Inflation jedoch gesunken sind. Die Verbesserung der Qualitätspa-rameter im Zuckerrübenanbau der letzten Jahre (vgl. Übersichten 5 und 6) führte somit zu deutlichen Einsparungen an Erfassungskosten. Damit fallen Erfassungskostenunter-schiede zwischen den einzelnen Fabrikgrößen heute weniger ins Gewicht als früher.

3.2.5 Einfluss der C-Zuckererzeugung auf die Verarbeitungskosten des Quoten-zuckers

Im Gegensatz zur Landwirtschaft führt die C-Zuckererzeugung in der Zuckerindustrie zu sinkenden Stückkosten. Die Auswirkungen der Überschüsse werden am Beispiel einer Fabrik mit 12.500 tato, einer Kapazitätsauslastung von 90 Tagen im Bereich der Verarbeitung von Quotenrüben und 15 v.H. Zuckerausbeute (erzeugte Zuckermenge ca. 169.000 t Ww) dargestellt. Für diese Fabrik bedeutet eine um 35 v.H. höhere Rü-benanlieferung infolge von C-Rüben eine Verlängerung der Kampagne auf insgesamt 120 Tage bzw. eine C-Zuckerproduktion von ca. 56.000 t Ww. Dadurch sinken die Verarbeitungskosten der Quotenzuckermenge von ca. 244 auf ca. 215 €/t Ww bzw. um 29 €/t Ww und führen damit zu Kosteneinsparungen von 4,9 Mio. €. Zur Berechnung des für die Gewinnschwelle erforderlichen Weltmarktpreises werden die für die Über-schussmenge aufzuwendenden Verarbeitungs- und Transportkosten in Höhe von ca. 14 Mio. € um die Kosteneinsparung im Quotenbereich (4,9 Mio. €) verringert und durch

---

[46] Render, H.: a.a.O., S. 56.

36

die Überschussmenge dividiert. Für die Beispielfabrik liegt die Gewinnschwelle bei einem Weltmarktpreis von ca. 163 €/t Ww. Bei dem langjährigen durchschnittlichen Weltmarktpreis in Höhe von 260 €/t Ww bleiben damit ca. 97 €/t Ww zur Deckung der Rübenkosten sowie des Gewinns in der Zuckerfabrik übrig.

Selbst wenn die Zuckerfabrik auf Gewinn verzichtet und die Landwirte die 97 €/t Ww erhalten, ist für diese die C-Rübenproduktion unwirtschaftlich, da die Produktionskosten im günstigsten Fall 174 €/t Ww betragen (vgl. Übersicht 11). Da die Zuckerfabriken zumindest einen Teil des Betrags als Gewinn einbehalten, liegt der tatsächliche Verlust des C-Rübenanbaus noch höher.

3.3 Durchschnittliche regionale Herstellungskosten für Zucker aus Zuckerrüben in den Bundesländern

Die wichtigsten Ergebnisse des in Schaubild 6 durchgeführten Vergleichs der durchschnittlichen Herstellungskosten für Zucker in den einzelnen Bundesländern sind:

1. Es bestehen erhebliche Kostenunterschiede zwischen den einzelnen Bundesländern. Am kostengünstigsten ist die Zuckerproduktion in Rheinland-Pfalz mit 432 €/t Ww, am teuersten in Schleswig-Holstein mit 567 €/t Ww.

Schaubild 6 - Durchschnittliche regionale Erzeugungskosten für deutschen Rübenzucker in einzelnen Bundesländern in €/t Ww (∅ 2000-2002)

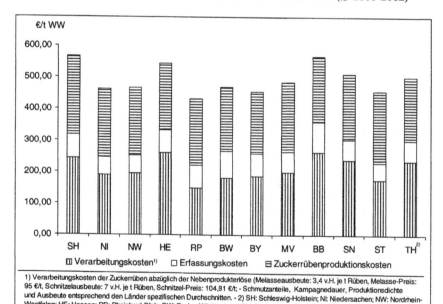

1) Verarbeitungskosten der Zuckerrüben abzüglich der Nebenprodukterlöse (Melasseausbeute: 3,4 v.H. je t Rüben, Melasse-Preis: 95 €/t, Schnitzelausbeute: 7 v.H. je t Rüben, Schnitzel-Preis: 104,81 €/t; - Schmutzanteile, Kampagnedauer, Produktionsdichte und Ausbeute entsprechend den länder spezifischen Durchschnitten. - 2) SH: Schleswig-Holstein; NI: Niedersachen; NW: Nordrhein-Westfalen; HE: Hessen; RP: Rheinland-Pfalz; BW: Baden-Württemberg; BY: Bayern; MV: Mecklenburg-Vorpommern; BB: Brandenburg; SN: Sachsen; ST: Sachsen-Anhalt; TH: Thüringen.

Quelle: Eigene Berechnungen.

2. Die Erfassungskosten variieren zwischen 56 €/t Ww in Sachsen-Anhalt und 97 €/t Ww in Brandenburg. Dabei ist zu berücksichtigen, dass in keinem Bundesland der wichtigste Transportkosten bestimmende Faktor, die durchschnittliche Produktionsdichte, über 170 t Rüben pro qkm liegt. Die Produktionsstruktur wird bis heute durch die Quotenregelung vorgegeben, bei deren Einführung der Zuckerrübenanbau relativ gleichmäßig über die Fläche verteilt war. Diese Situation verdeutlicht aber auch, dass eine Konzentration des Rübenanbaus im näheren Einzugsgebiet der Zuckerfabriken ein erhebliches Kostensenkungspotenzial ermöglicht.

3. Die Kostenunterschiede der Zuckerrübenverarbeitung resultieren vor allem aus den regional unterschiedlichen Verarbeitungskapazitäten und Kapazitätsauslastungen sowie Zuckerrübenqualitäten. Am niedrigsten sind die Verarbeitungskosten in Rheinland-Pfalz (149 €/t Ww) und Sachsen-Anhalt (174 €/t Ww), wobei selbst deren Möglichkeiten zur Kostendegression, durch Vergrößerung der Fabriken und/oder Verlängerung der Kampagne, nicht annähernd ausgeschöpft werden.

4 Theoretische Wohlfahrts- und Verteilungswirkungen unterschiedlicher Konzepte zur Reform der EU-Zuckermarktpolitik

Im September 2003 und Juli 2004 hat die EU-Kommission verschiedene Konzepte zur Reform der EU-Zuckermarktpolitik vorgelegt. Die Vorschläge umfassen unterschiedliche Maßnahmen zur Lösung der wesentlichen Probleme auf dem Zuckermarkt, die aus den steigenden Überschüssen, den zunehmenden Wettbewerbsverzerrungen infolge der GAP-Reform im Rahmen der Agenda-Halbzeitbewertung sowie der Einhaltung der im WTO-Abkommen eingegangen Verpflichtungen resultieren.

Als Grundlage zur Beantwortung der Frage, ob die vorgeschlagenen Reformkonzepte zur Lösung der o.a. Probleme geeignet sind, werden im Rahmen dieses Kapitels die theoretischen Auswirkungen unterschiedlicher Konzepte zur Reform der EU-Zuckermarktpolitik auf den deutschen Zuckermarkt kosten-nutzen-analytisch untersucht und beurteilt. Ziel dieses Kapitels ist es, relevante Kosten- und Nutzenelemente zu bestimmen sowie die gesamtwirtschaftlichen Wohlfahrts- und Verteilungswirkungen der Maßnahmen abzuleiten. Die theoretische Analyse der Reformvorschläge soll die Konzeption für die Durchführung der empirischen Untersuchung liefern. Nachstehend werden zunächst die Vorgehensweise und Methodik der Kosten-Nutzen-Analyse im Allgemeinen sowie der Rentenansatz im Besonderen erläutert. Darauf aufbauend erfolgt die Analyse und Bewertung der unterschiedlichen Reformkonzepte im Vergleich zur Referenzsituation - der gegenwärtigen EU-Marktpolitik - hinsichtlich ihrer Kosten-, Nutzen-, Wohlfahrts- und Verteilungseffekte. Folgende Konzepte werden in den kosten-nutzen-analytischen Systemvergleich einbezogen:

1. Referenzsystem: Beibehaltung der derzeitigen EU-Zuckermarktpolitik

   Die gegenwärtigen Regelungen der EU-Zuckermarktordnung sind im Wesentlichen durch die Kontingentierung der Erzeugung in Verbindung mit einem Interventions- und Außenschutzsystem gekennzeichnet.

38

2. Konzept I: Senkung der Quotenmengen und des Interventionspreises

Die derzeitige EU-Zuckermarktordnung wird durch die Senkung der A- und B-
Quote, des Interventionspreises sowie des Außenschutzes an veränderte zukünftige
markt- und welthandelspolitische Rahmenbedingungen angepasst.

3. Konzept II: Aufhebung der Binnenmarktregelungen bei Aufrechterhaltung des Außenschutzes

Diese Maßnahme ist durch die Aufhebung des Quotensystems und der Interventionspreisregelung charakterisiert. Das Niveau des Außenschutzes wird zur Förderung der Marktkonsolidierung gesenkt.

4. Konzept III: Vollkommene Liberalisierung des EU-Zuckermarktes

Im Rahmen dieses Konzeptes entfallen alle Binnenmarkt- und Außenhandelsregelungen
auf dem EU-Zuckermarkt.

4.1 Kosten-Nutzen-analytischer Ansatz

Die Kosten-Nutzen-Analyse ist ein effizientes Instrument zur Ermittlung der gesamtwirtschaftlichen Auswirkungen agrarpolitischer Maßnahmen. Mit dieser Methode
werden im Vergleich zu einer einheitlichen Referenzsituation die voraussichtlichen
Nutzen und Kosten der zu untersuchenden agrarpolitischen Konzepte ermittelt und
bewertet. Der Saldo aus den relevanten Kosten und Nutzen ergibt entweder einen
maßnahmenbedingten gesamtwirtschaftlichen Gewinn oder Verlust. Im Rahmen der
Kosten-Nutzen-Analyse stehen zwei unterschiedliche methodische Ansätze zur Verfügung, die im Ergebnis jedoch zu denselben gesamtwirtschaftlichen Wohlfahrtseffekten
führen. Die sog. *direkte Methode* ermittelt und bewertet *direkt* die Änderungen der
Konsumgüternachfrage. Demgegenüber bestimmt der *Rentenansatz* die infolge der
Maßnahmeneinführung entstehenden Rentenänderungen, die erst im Anschluss zu Än-
derungen des Konsums führen. Über die Wohlfahrtsänderungen hinaus ermöglicht der
Rentenansatz außerdem die Offenlegung der Verteilungswirkungen. Aus diesem
Grund kommt für die kosten-nutzen-analytische Untersuchung der Reformkonzepte im
Rahmen dieser Arbeit der Rentenansatz zur Anwendung, dem folgende Definitions-
gleichung zugrunde liegt[47]:

$$\Delta W = \Delta KR + \Delta PR + \Delta ST$$

Dabei symbolisiert:

ΔW die maßnahmenbedingte gesamtwirtschaftliche Wohlfahrtsänderung, die
dem Saldo aus den Änderungen der Konsumentenrente, Produzentenrente und der Staatsausgaben entspricht.

ΔKR die maßnahmenbedingte Änderung der Konsumentenrente. Sie umfasst
Kosten und Nutzen der Konsumenten bei Preis- und Nachfrageänderun-
gen infolge der Einführung einer Maßnahme.

---

[47] Vgl. Henrichsmeyer, W. und H.P. Witzke: Agrarpolitik Band 2 Bewertung und Willensbildung.
Eugen Ulmer Verlag, Stuttgart 1994, S. 151 f.

ΔPR die maßnahmenbedingte Änderung der Produzentenrente. Diese resultiert aus Preis- und Angebotsänderungen unter Vollkostenbedingungen und setzt sich aus den Änderungen der Produzentenrenten in Landwirtschaft und Zuckerindustrie zusammen.

ΔST die maßnahmenbedingte Änderung der Staatsausgaben. Der Staatshaushalt unterliegt den durch die Maßnahmen ausgelösten Einnahmen- und Ausgabenänderungen.

Die Ermittlung der gesamtwirtschaftlichen Wohlfahrtsänderungen ermöglicht die Ableitung einer Rangfolge hinsichtlich der Vorzüglichkeit der untersuchten Konzepte[48]. Hierbei hängt die Einordnung der Maßnahmen nicht von der Wahl des Referenzsystems ab, sondern von dessen einheitlicher Anwendung[49]. Unterschiedliche Referenzsysteme beeinflussen die Höhe der einzelnen Kosten- und Nutzengrößen, ohne jedoch die Rangfolge der Vorzüglichkeit zu ändern[50]. Des Weiteren ist für die Vergleichbarkeit der Maßnahmen die Einhaltung der c.-p. Bedingung notwendig. D.h., dass ausschließlich die Konzeptwirkungen im Vergleich zur Referenzsituation betrachtet, alle anderen Rahmenbedingungen aber konstant gehalten werden. Eine Einordnung der Reformkonzepte anhand der kosten-nutzen-analytisch ermittelten gesamtwirtschaftlichen Wohlfahrtseffekte reicht jedoch für eine abschließende Bewertung allein nicht aus. Hierzu sind weitere Aspekte in die vergleichende Beurteilung einzubeziehen, und zwar insbesondere die entstehenden Verteilungseffekte, die Auswirkungen auf den Strukturwandel sowie die welthandelspolitischen Konsequenzen[51]. Im Einzelnen werden folgende Aspekte berücksichtigt:

1. Verteilungseffekte. Die aus der Zuckerproduktion resultierenden sektoralen Einkommen verteilen sich auf die Rüben- und Zuckerproduzenten. Dies erfordert eine differenzierte Analyse der Verteilungswirkungen.

2. Gesamtwirtschaftliche Transfereffizienz. Anhand der Relation aus den für die Zuckermarktordnung erzielten Produzentenrenten und dafür aufgewendeten Finanzmitteln erfolgt eine Überprüfung der Einkommenswirksamkeit der eingesetzten öffentlichen Finanzmittel bezogen auf die Überschusssituation.

3. Strukturwandel. Da die Maßnahmen zu umfassenden Anpassungen der Betriebs- und Produktionsstrukturen führen, sind deren beschäftigungs- und sozialpolitische Auswirkungen zu untersuchen.

---

[48] Grundlage des Vorzüglichkeitsgedankens ist das Kaldor-Hicks-Kriterium. Es besagt, dass eine Maßnahme dann einer anderen vorzuziehen ist, wenn sich zwar der Nutzen einzelner Individuen u.U. verringert, die Nutzensteigerungen der Gewinner es aber theoretisch ermöglichen, die Verluste der Verlierer auszugleichen (Vgl. Gans, O. und R. Marggraf: Kosten-Nutzen-Analyse und ökonomische Politikbewertung Band 1. Springer-Verlag, Berlin 1997, S. 46 f.).

[49] Vgl. Wolffram, R. und K. Hoff: Kosten-Nutzen-analytischer Vergleich von Milchmarktordnungssystemen – eine Duplik. „Agra-Europe" - Sonderdruck 32/83, S.8.

[50] Vgl. Wolffram, R. und K. Hoff: Reform der EG-Agrarmarktpolitik durch subventionierten Kapazitätsabbau oder direkte Einkommensübertragungen? In: BMELF (Hrsg.): Berichte über die Landwirtschaft, Band 65 (2), Landwirtschaftsverlag GmbH, Münster 1987, S. 344.

[51] Vgl. Hanusch, H.: Nutzen-Kosten-Analyse. Verlag Franz Vahlen, München 1987, S. 3.

4. Kompatibilität mit den WTO-Anforderungen. Vor dem Hintergrund der derzeit laufenden WTO-Verhandlungen werden die Auswirkungen der Reformkonzepte im Hinblick auf eine prognostizierte zukünftige Verschärfung der welthandelspolitischen Verpflichtungen der EU untersucht. Im Vordergrund hierbei steht die Einhaltung der Begrenzungen der subventionierten Drittlandsexporte und der maximalen Ausfuhrerstattungen bestehender bzw. erwarteter zukünftiger Handelsabkommen.

4.2 Referenzsystem - „Beibehaltung der derzeitigen EU-Zuckermarktpolitik"

Als Referenzsystem für den kosten-nutzen-analytischen Vergleich der Vorschläge zur Reform der EU-Zuckermarktpolitik dient die derzeitige EU-Zuckermarktordnung (vgl. Kapitel 2.2). Die Analyse der Reformkonzepte bezieht sich auf den Zuckermarkt der Bundesrepublik Deutschland. Da für die an späterer Stelle erfolgende vergleichende Bewertung der Konzepte zur Reform des Zuckermarktes auch der EU-Markt von Bedeutung ist, auf dem - trotz identischer marktpolitischer Rahmenbedingungen - unterschiedliche Marktverhältnisse vorliegen, erfolgt zunächst die Darstellung der gegenwärtigen Marktsituation anhand von Schaubild 7. Im Anschluss daran wird das der Kosten-Nutzen-Analyse zugrunde liegende Referenzsystem für den deutschen Zuckermarkt beschrieben und analysiert (vgl. Schaubild 8).

Ausgestaltung der EU-Zuckermarktordnung

Die zentralen Elemente der EU-Zuckermarktpolitik sind die Angebotskontingentierung, das Interventionssystem und der Außenschutz. Im Einzelnen definieren sie folgende Ausgestaltungselemente:

1. Die Angebotskontingentierung. Diese begrenzt das Zuckerangebot auf eine Höchstquote, die in ein A- und ein B-Kontingent unterteilt ist. Die A-Quote sollte ursprünglich dem Binnenmarktverbrauch plus 5 v.H. entsprechen, die B-Quote war zum Ausgleich von Ertragsschwankungen bzw. zur Versorgungssicherung gedacht. Derzeit übersteigt der Binnenmarktverbrauch die in der A-Quote festgesetzte Menge, so dass die Versorgungslücke durch B-Zucker gedeckt wird.

2. Das Interventionspreissystem. Der Interventionspreis ist der Mindestpreis für Zucker, den eine Fabrik frei Interventionsstelle erzielen kann. Unter dieses Niveau kann der Fabrikabgabepreis in der EU aufgrund der vorgesehenen Interventionsmaßnahmen nicht sinken. Aus diesem Fabrikabgabepreis leitet sich der Erzeugerpreis für die Rübenproduzenten ab.

3. Die Produktionsabgaben. Zur Finanzierung des subventionierten Exports der Zuckerüberschüsse entrichten die Zuckererzeuger Produktionsabgaben. In Abhängigkeit von der Marktsituation werden auf das A-Kontingent 2 v.H. und auf das B-Kontingent max. 39,5 v.H. vom Interventionspreis für Zucker sowie, falls erforderlich, eine Ergänzungsabgabe in variablem Umfang erhoben. Dieses Prinzip bedingt die Haushaltsneutralität der EU-Zuckermarktordnung, da - mit Ausnahme des Präferenz-Zuckers - keine Ausgaben für den Staatshaushalt zur Finanzierung der Marktordnung anfallen.

4. Außenschutz. Das hohe Binnenmarktpreisniveau wird - neben dem subventionierten Export - durch Einfuhrzölle gewährleistet. Zur Einhaltung der im WTO-Handelsabkommen vereinbarten Mindestimportmengen wurden bestimmten Ländern (u.a. AKP- und LDC-Ländern) begrenzte Einfuhrkontingente zu reduzierten Zollsätzen zugeteilt. Dabei übernimmt allerdings der Staat für den im Rahmen der präferenziellen Einfuhr importierten Zucker die Kosten des Reexports. Der restliche importierte Zucker u.a. aus den Balkan-Staaten verdrängt Quotenzucker und bedingt damit einen Anstieg der Kosten für den Zuckerexport zu Lasten der EU-Produzenten[52]. Sowohl die Import- als auch die Exportregelungen werden maßgeblich durch die Vereinbarungen des WTO-Handelsabkommens bestimmt.

Derzeitige Situation auf dem EU-Zuckermarkt

Die partialmarktanalytische Situation auf dem EU-Zuckermarkt unter den gegenwärtigen marktpolitischen Rahmenbedingungen wird in Schaubild 7 dargestellt:

Versorgungssituation

- Die EU-Zuckermarktordnung lässt eine maximale Zuckererzeugung im Rahmen der Quotenregelung von X_0 (Höchstquote) zu. Innerhalb dieser Produktionsmenge bildet X_1 die Höhe des A-Kontingents, die Differenz zwischen X_0 und X_1 die Höhe des B-Kontingents ab. Die tatsächliche EU-Zuckererzeugung innerhalb der Quotenregelung liegt dagegen nur bei X_B, also unter der Höchstquote X_0, weil einige EU-Länder ihre A-Quote und folglich auch die B-Quote nicht oder nur z.T. ausschöpfen. Die geringere Produktionsmenge im A-Kontingent ist in der Darstellung mit X_A gekennzeichnet, die der B-Quote ergibt sich als Differenz zwischen X_B und X_A. Das nicht ausgeschöpfte A-Kontingent ($X_1 - X_A$) wird mit B-Zucker aufgefüllt. Zusätzlich findet die Produktion von C-Zucker statt, der jedoch im Rahmen dieser Untersuchung unberücksichtigt bleibt.

- Die Berücksichtigung der Importe beschränkt sich auf die Menge ($X_2 - X_B$) aus Nicht-Präferenz-Ländern (u.a. dem Balkan), die zu Bedingungen des A-Kontingents übernommen wird und deren Finanzierung von der EU-Zuckerwirtschaft zu tragen ist. Die Kosten der Zuckerexporte aus Präferenz-Ländern werden, wie bereits beschrieben, aus dem EU-Haushalt finanziert.

- Der Erzeugung steht eine nahezu vollkommen preisunelastische Nachfrage (N) nach Zucker gegenüber, die aus Vereinfachungsgründen als vollkommen preisunelastisch dargestellt wird. Die Höhe des Verbrauchs in der EU ist durch X gekennzeichnet.

- Die Überschussmengen, deren Kosten für den Absatz auf dem Weltmarkt von der EU-Zuckerwirtschaft zu finanzieren sind, entsprechen der Differenz zwischen X_2 und X. Der Nettoexport der EU liegt demgegenüber deutlich höher, weil der Export des C-Zuckers sowie der Reexport der Präferenz-Zucker-Importe unberücksichtigt sind.

---

[52] Schmidt, H.: Evaluation spezieller institutioneller Ausgestaltungen der EU-Zuckermarktordnung. „Agrarwirtschaft", Sonderheft 175, Kiel 2003, S. 123 ff.

42

Schaubild 7 - Schematische Darstellung der Situation auf dem EU-Zuckermarkt bei derzeitiger Marktordnung

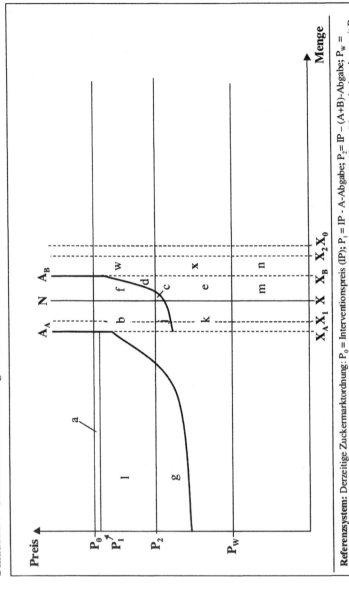

Referenzsystem: Derzeitige Zuckermarktordnung: P_0 = Interventionspreis (IP); P_1 = IP - A-Abgabe; P_2 = IP – (A+B)-Abgabe; P_W = Weltmarktpreis; X_0 = Höchstquote; X_1 = A-Quote; $X_0 X_1$ = B-Quote; X_A = produzierte A-Quote; X_1-X_A = nicht produzierte bzw. mit B-Zucker aufgefüllte A-Quote; X_B = erzeugter Quotenzucker; $X_2 = X_B$ zzgl. Import; X_2-X_B = subventionierter Reexport; X = Nachfrage; Grenzkosten der Produktion: A_A für die A- und A_B für die B-Quote.

Quelle: Eigene Darstellung.

Preisbildung

- Die Preisbildung wird durch den Interventionspreis P_0 bestimmt. Für den Fall eines Marktungleichgewichtes sieht die EU-Zuckermarktordnung Produktionsabgaben zur Finanzierung der subventionierten Exporte vor. Der Nettoerlös für Zucker reduziert sich dann für A-Zucker auf P_1 und für B-Zucker auf P_2.

Finanzierung der Exporte

- Zur Finanzierung der Drittlandsexporte stehen Produktionsabgaben von maximal 2 v.H. des Interventionspreises P_0 auf das A-Kontingent (Fläche a) und maximal 39,5 v.H. auf den im Inland abgesetzten B-Zucker (Fläche b) zur Verfügung sowie, falls erforderlich, eine Ergänzungsabgabe. Die notwendigen Exportsubventionen errechnen sich für

  - den Export des überschüssigen B-Zuckers aus der Differenz zwischen P_2 und P_W und entsprechen den Flächen c und e.
  - den Reexport von Zucker aus Ländern ohne Präferenz-Abkommen dagegen aus der Differenz von P_0 und P_W nach Maßgabe der Flächen w und x.

- Aus der Marktsituation, dass Griechenland, Portugal und Italien ihre A- und B-Kontingente nicht ausschöpfen, ergeben sich folgende Vorteile:

  - Zum einen sinken die zu subventionierenden Exportmengen und damit die zu leistenden Aufwendungen für Exportsubventionen. Alle Zuckerproduzenten profitieren dadurch von einer niedrigeren Produktionsabgabe.
  - Zum anderen sorgt dieser Absatz für zusätzliche Liquidität, da diese Länder für den importierten B-Zucker zwar den vollen A-Zuckerpreis bezahlen, die Exporteure aber nur den B-Zuckerpreis erhalten. Der Differenzbetrag wird in den Fonds eingebracht und steht ebenfalls zusätzlich zur Finanzierung der subventionierten Exporte zur Verfügung. Die Staaten, die ihre Quote nicht erfüllen, finanzieren letztlich einen Teil der Kosten für die Drittlandsexporte.

- Der Export des überschüssigen B-Zuckers verursacht einen volkswirtschaftlichen Verlust nach Maßgabe der Flächen d und e. Zu den Verlusten aus dem Export des überschüssigen Quotenzuckers kommen noch die Kosten des Reexports des Zuckers aus Nicht-Präferenz-Ländern in Höhe von x und w zu Lasten der EU-Zuckerwirtschaft. In der sektoralen Betrachtungsweise der Kosten-Nutzen-Analyse entsprechen auch diese einem volkswirtschaftlichen Verlust. Der den Exportländern entstehende Gewinn wird dagegen nicht bewertet. Da deren Grenzkosten der Zuckererzeugung unbekannt sind, kann über die Höhe dieses Gewinns keine Aussage gemacht werden.

- Für die Zuckerwirtschaft führt der Export des überschüssigen Quotenzuckers ebenfalls zu einem Verlust. Die Verwertung zum B-Zucker-Preis ist eine Fiktion, die durch die Umverteilung von Produktionsabgaben auf im Inland abgesetzten Quotenzucker erzielt wird. Die tatsächliche Verwertung entspricht dem Weltmarktpreis. Schaubild 7 zeigt, dass nur für eine sehr geringe Überschussmenge zum B-

Zuckerpreis ein Gewinn in Höhe von **c** erwirtschaftet wird. D.h., dass alle zur Zahlung von P_2 umverteilten Mittel (**a** + **b**, die **e** + **c** entsprechen) - mit Ausnahme von **c** - den Produzenten verloren gehen. Die Grenzkosten der darüber hinaus gehenden überschüssigen Produktionsmenge liegen noch über dem B-Zuckerpreis, so dass den Produzenten für diese Menge ein Verlust in Höhe von **d** entsteht.

Derzeitige Situation auf dem Zuckermarkt der Bundesrepublik Deutschland

Die Situation auf dem deutschen Zuckermarkt unter den derzeitigen marktpolitischen Rahmenbedingungen zeigt Schaubild 8:

Versorgungssituation

- Die Zuckererzeugung, durch die Angebotsfunktionen A_A für die A-Quote und A_B für die B-Quote abgebildet, ist auf die Höchstquote X_0 begrenzt und liegt damit deutlich über dem Inlandsverbrauch **X**. Neben den A- und B-Zuckermengen wird auch in Deutschland C-Zucker produziert, der in der Untersuchung jedoch unberücksichtigt bleibt. Aufgrund des langfristigen Zeithorizontes der Analyse entsprechen die Grenzkosten den langfristigen Durchschnittskosten der deutschen Zuckererzeugung.

- Die Nachfragefunktion **N,** wird - wie bereits für den EU-Zuckermarkt insgesamt (vgl. Schaubild 7) - als vollkommen preisunelastisch unterstellt.

Da in Deutschland die A- und B-Quote ausgeschöpft werden, fällt ein Zuckerüberschuss in Höhe der Differenz zwischen X_0 und **X** an. Davon wird die Menge $X_3 - X$ in anderen EU-Ländern abgesetzt und der verbleibende Überschuss $X_0 - X_3$ subventioniert in Drittländer exportiert.

Schaubild 8 - Schematische Darstellung der Kosten- und Nutzenelemente der zu untersuchenden Konzepte auf dem deutschen Zuckermarkt im Vergleich zur Referenzsituation

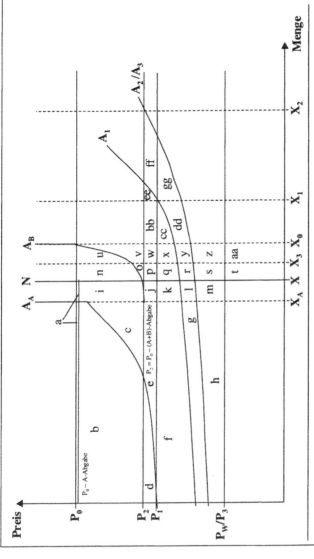

1) **Referenzsystem:** Interventionspreis (IP): P_0; Grenzkosten (GK): P_0; A-Quote: X_A; B-Quote: X_0-X_A; Auf dem EU-Binnenmarkt abgesetzte Überschüsse: X_3-X; Auf dem Weltmarkt abgesetzte Überschüsse: X_0-X_3; Nachfrage N = X. - 2) **Konzept I:** IP: P_1; GK: A_1; Produktion X_1; Gekürzte bisherige Höchstquote: X_A; Neue Höchstquote nach Quotenzukauf: X_1; Nachfrage: N = X; Auf dem EU-Binnenmarkt abgesetzte Überschüsse: X_1-X. - 3) **Konzept II:** Preis: P_2; GK: A_2; Produktion N = X; Nachfrage N; Auf dem EU-Binnenmarkt abgesetzte Überschüsse X_2-X. - 4) **Konzept III:** Preis: P_3 = Weltmarktpreis; GK: A_3; Nachfrage N = X; Produktion: keine. **A** für A-Zucker, **A**$_B$ für B-Zucker; Höchstquote = Produktionsmenge: X_0; Höhe der

Quelle: Eigene Darstellung.

Preisbildung

Die Preisbildung wird, analog zur Situation auf dem EU-Zuckermarkt, durch den Interventionspreis P_0 bestimmt. Die Erzeugerpreise für A- und B-Zucker leiten sich aus dem Interventionspreis nach Abzug der in Abhängigkeit von der Produktions- und Absatzentwicklung ggf. notwendigen Produktionsabgaben ab.

Finanzierung der Zuckerexporte

- Diese erfolgt über den gemeinsamen Fonds der EU-Zuckerwirtschaft. Im Rahmen dieser Untersuchung werden für die Durchführung der Kosten-Nutzen-Analyse das Mittelaufkommen und die Mittelverwendung der deutschen Zuckerwirtschaft ausgewiesen. Die Produktionsabgaben entsprechen den Flächen a (A-Abgabe) und i (B-Abgabe). Zusätzlich fallen durch den Absatz von deutschem B-Zucker in anderen EU-Staaten (X_3 – X) Produktionsabgaben nach Maßgabe der Flächen n und o zugunsten des EU-Fonds an. Zur Finanzierung der Zuckerexporte in Drittländer (X_0 – X_3) erhält die deutsche Zuckerwirtschaft Exportsubventionen in Höhe von w, x, y und z zum Ausgleich der Differenz zwischen dem erzielten Preis P_W und dem Marktordnungspreis P_2 für B-Zucker[53].

- Die gesamtwirtschaftliche Effizienz des Exportes von Zuckerüberschüssen ist wie folgt zu beurteilen: Aus den Exporten der deutschen Überschusserzeugung in EU- und Drittländer resultiert ein Verlust nach Maßgabe der Flächen o und v. Dabei entspricht

  - o dem Verlust, der beim Export des deutschen Zuckers innerhalb der EU entsteht, weil die Grenzkosten dieser Zuckermenge über dem B-Zuckerpreis P_2 liegen.

  - v dem Verlust aus dem Drittlandsexport, weil die Grenzkosten ebenfalls über dem Preis P_2 liegen. D.h., die Umverteilung der Exportverluste P_2 - P_W deckt nicht die Erzeugungskosten.

- Die Einstellung der Überschussproduktion wäre damit für die Landwirtschaft vorteilhaft, weil sowohl der Export in EU- als auch in Drittländer nicht kostendeckend ist. Auf die möglichen Gründe des unökonomischen Verhaltens wurde in den Kapiteln 3.1.4 und 3.2.5 eingegangen.

- Die Bundesrepublik Deutschland wendet für den deutschen Zuckermarkt direkt keine Finanzmittel auf. Allerdings trägt sie über ihren Anteil an dem EU-Haushalt zur Finanzierung der Zuckerimporte aus den Präferenz-Ländern bei. In den folgenden Betrachtungen wird davon ausgegangen, dass die Höhe dieser Zahlungen konstant bleibt. Da die Finanzmittel zur Unterstützung der Erzeugung in diesen Staaten ohnehin dem Entwicklungshilfeetat zugeordnet sind, ist davon auszugehen, dass diese Mit-

---

[53] Diese Situation liegt nur dann vor, wenn die Abgaben a und i den Exportsubventionen w, x, y und z und die zusätzlich an die EU abgeführten Abgaben n und o genau dem deutschen Anteil an den EU-Kosten für den Reexport des Zuckers aus „Nicht-Präferenz-Ländern" entsprechen.

tel den entsprechenden Ländern auch bei einer Änderung der Zuckermarktordnung weiterhin zur Verfügung stehen[54]. Sie bleiben daher in der weiteren Untersuchung unberücksichtigt.

- Die deutschen Konsumenten finanzieren, entsprechend zur EU insgesamt, über den im Vergleich zum Weltmarktpreis (P_W) deutlich höheren Inlandspreis (P_0) die Zuckermarktordnung. Sie stützen damit die Einkommen der Zuckererzeuger und tragen über die Produktionsabgaben die Kosten für den subventionierten Export der Quotenzuckerüberschüsse.

4.3 Konzept I - „Senkung der Quotenmengen und des Interventionspreises"

Ausgestaltung des Konzeptes

Die EU-Kommission hat im Juli 2004 einen Vorschlag zur Reform der EU-Zuckermarktordnung vorgelegt[55]. Er sieht Quotenkürzungen in Verbindung mit einer Senkung des Marktpreises und Außenschutzes vor und enthält als neue Elemente entkoppelte Ausgleichzahlungen zur Kompensation von Einkommensverlusten und die Übertragbarkeit der Quoten. Konzept I berücksichtigt daher - wie auch die anderen Reformvorschläge der EU-Kommission - die Diskussion in den derzeit laufenden Verhandlungen der Doha-Runde und des WTO-Panels. Das Ziel dieses Konzeptes besteht darin, die den AKP- und LDC-Ländern zugestandenen zollprivilegierten Importmengen auf den Binnenmärkten der EU abzusetzen, gleichzeitig aber die grundsätzlichen Instrumente der Zuckermarktordnung aufrechtzuerhalten und eine Überschussproduktion zu vermeiden. Dies bedingt, dass die kontingentierte EU-Zuckererzeugung in etwa um die Menge reduziert werden muss, die den gewährten Importkontingenten entspricht, um das Angebot der Binnenmarktnachfrage anzupassen. Grundsätzlich beinhaltet dieses Konzept ähnliche Elemente wie das Marktordnungssystem der Referenzsituation, allerdings werden einzelne Instrumente in unterschiedlichem Umfang modi-

---

[54] Gleiches gilt auch für „Kosten der EU-Zuckermarktordnung", die nicht in direktem Zusammenhang zur Rüben-Zuckererzeugung stehen. Dies sind u.a. die Raffinierungs-Beihilfe und die Kosten für den Zucker aus den Übersee-Departements. Des Weiteren wird für den deutschen Staatshaushalt unterstellt, dass bereits die Reform der GAP 2003 umgesetzt ist, deren zentrale Änderungsmaßnahme die Entkopplung der gegenwärtigen Direktzahlungen vorsieht. Damit ändern sich die Staatsausgaben in den anderen Bereichen der GAP im Zusammenhang mit der Reform der EU-Zuckermarktordnung nicht, auch wenn die „grandes-cultures-Fläche", wie im Zuge der unterstellten Reformkonzepte auf dem Zuckermarkt angenommen, ansteigt. Dies erscheint als realistisch, da sich Deutschland für die Umsetzungsoption der Regionalisierung (Art. 59 der VO: EG Nr. 1782/2003 des Rates vom 29. September 2003) entschieden hat. Infolge dieser Entwicklung wurde, unabhängig vom Spektrum der angebauten Kulturen, für die gesamte landwirtschaftliche Nutzfläche ein Gesamtprämienvolumen festgesetzt. Für die Wirtschaftlichkeitsberechnungen erfolgen daraus keine Änderungen, weil die Gesamtbetriebsprämie sich nicht ändert und die erhaltenen Prämien weiterhin dem Getreide zugerechnet werden. Zudem werden die Zahlungen entkoppelt gewährt, so dass sie keinen Einfluss auf die Produktionsentscheidung haben (sollten).

[55] Europäische Kommission: „Communication from the Commission to the council and the European Parliament", Brussels, 14 July 2004 COM(2004) 499 final, Internet: http://europa.eu.int/comm/ agriculture/publi/reports/sugar/indeces_en.htm (zuletzt am 4. Januar 2005).

fiziert. Im Einzelnen sind in diesem Konzept folgende Ausgestaltungselemente vorgesehen:

1. Binnenmarktregelungen: Das Kontingentierungssystem wird im Grundsatz fortgeschrieben, die A- und B-Quoten werden jedoch zu einer Quote zusammengefasst und gesenkt. Dasselbe gilt auch für den Interventionspreis, der in seiner Funktion als Marktstützungsinstrument als sog. Referenzpreis auf deutlich niedrigerem Niveau erhalten bleibt. Die Produktionsabgaben entfallen.

2. Außenhandelsregelungen: Das Außenschutzniveau wird auf das Niveau des Referenzpreises gesenkt. Die zollbegünstigten Importkontingente werden für bestimmte Länder in einen freien Marktzugang umgewandelt, bei einem deutlich reduzierten Preisniveau. Subventionierte Drittlandsexporte entfallen aufgrund der defizitären Versorgungssituation in der EU gesamt.

3. Neue Regelungen: Neben den modifizierten alten Regelungen implementiert der Reformvorschlag mehrere neue Regelungen, von denen die nachstehenden zwei die wesentlichsten sind: Entkoppelte Zahlungen, die 60 v.H. der Einkommensverluste in der Landwirtschaft kompensieren sollen[56], und die Übertragbarkeit der Quoten.

Auswirkungen auf den Zuckermarkt

Die Reduzierung der ursprünglichen Quotenmenge und die Senkung des Marktpreises führen, in Kombination mit der Möglichkeit des Quotenzukaufs, zu folgenden Auswirkungen auf dem deutschen Zuckermarkt (vgl. Schaubild 8):

- Infolge der Kontingentskürzung wird die bisherige Quoten-Zuckererzeugung in Deutschland von X_0 auf X_A reduziert, durch den Zukauf von Quote jedoch auf X_1 erhöht. Unter den neuen zuckermarktpolitischen Rahmenbedingungen entspricht die inländische Produktionsmenge X_1 damit der Höchstquote. Die Preissenkung forciert den Strukturwandel, der durch die Übertragbarkeit der Quoten vereinfacht wird. Durch die Verlagerung der Erzeugung auf die ertragsfähigeren Rübenstandorte sowie die Verbesserung der Kapazitätsauslastung in den Zuckerfabriken durch Umstrukturierungen und Quotenzukäufe sinken daher die Produktionskosten. Im Ergebnis kommt es zu einer langfristigen Senkung der Grenzkosten der Zuckererzeugung. Die Grenzkostenkurve verschiebt sich entsprechend von A_A und A_B auf A_1.

- Maßnahmenbedingte Änderungen der Nachfrage treten annahmegemäß nicht auf. Unter Berücksichtigung der erhöhten Importmengen aus AKP- und anderen Präferenz-Ländern und der Prämisse, dass die erzeugten deutschen Überschüsse auf dem EU-Binnenmarkt abgesetzt werden können, entfällt die Notwendigkeit des subventionierten Exports.

---

[56] Für die entkoppelten Zahlungen wird in der Untersuchung unterstellt, dass diese produktionsneutral wirken. D.h., es wird davon ausgegangen, dass sie keinen Einfluss auf die Produktionsentscheidung haben.

- Der Interventionspreis, in Referenzpreis umbenannt, wird von P_0 auf P_1 gesenkt. Damit ist der Referenzpreis P_1 nicht nur für die Verbraucherpreisbildung sondern unmittelbar auch für die Erzeugererlöse maßgebend, da aufgrund der Versorgungssituation in der EU keine Produktionsabgaben erhoben werden müssen.

Kosten-Nutzen-analytische Bewertung

Auf der Grundlage der Partialmarktdarstellung für den deutschen Zuckermarkt (vgl. Schaubild 8) wird das Konzept kosten-nutzen-analytisch beurteilt. Im Vergleich zur Referenzsituation sind folgende Veränderungen zu erwarten:

- Aufgrund der Interventionspreissenkung kommt es zu einem Verlust an Produzentenrente nach Maßgabe der Flächen **b** und **d**. Demgegenüber entstehen Spezialisierungsgewinne in Höhe der Flächen **f** und **k** beim Absatz auf dem Inlandsmarkt und annahmegemäß **q**, **x** und **cc** beim Absatz auf dem EU-Binnenmarkt. Darüber hinaus ergeben sich Produzentenrentengewinne nach Maßgabe der Flächen **v** und **o**, da die Verluste aus der B-Zuckerproduktion nicht anfallen.

- Die Verbraucher profitieren von der Senkung des Interventionspreises, die zu einer Erhöhung der Konsumentenrente gemäß der Flächen **a**, **b**, **c**, **d**, **e**, **i** und **j** führt.

- Für den deutschen Staatshaushalt ergeben sich keine Änderungen.

4.4 Konzept II - „Aufhebung der Binnenmarktregelung bei Aufrechterhaltung des Außenschutzes"

Ausgestaltung des Konzeptes

Im Rahmen dieses Konzeptes zur Reform des EU-Zuckermarktes entfallen sämtliche Elemente der Binnenmarktregelung. Dies betrifft sowohl die Interventionspreisregelung als auch das Kontingentierungssystem. Die Außenhandelsreglungen bleiben weitestgehend erhalten. Das Ziel dieses Konzeptes besteht darin, mit der vollständigen Liberalisierung der innergemeinschaftlichen Zuckerproduktion, bei Aufrechterhaltung des Außenschutzes, den Wettbewerb im europäischen Zuckersektor zu erhöhen und eine, auch im Vergleich zu anderen Produktionsstandorten, effizientere Erzeugung zu fördern. Die wesentlichen Elemente dieses Konzeptes sind:

1. Binnenmarktregelungen: Vollständige Liberalisierung des EU-Zuckermarktes durch die Abschaffung des Quoten- und Preisstützungssystems. Angebot und Nachfrage auf dem Binnenmarkt werden durch freie Preisbildung koordiniert.

2. Außenhandelsregelungen: Die Elemente der Außenhandelsregelung zum Schutz der EU-Zuckererzeugung vor Drittlandsimporten werden bei einem deutlich reduzierten Außenschutzniveau aufrechterhalten. Der Handel der EU mit Drittländern wird weiterhin durch hohe Zollsätze und zollprivilegierte Importkontingente reguliert. Der Export hingegen erfolgt zum Weltmarktpreis.

Auswirkungen des Konzeptes auf den deutschen Zuckermarkt

Aus den Systemveränderungen resultieren im Vergleich zum Referenzsystem für den deutschen Markt folgende Veränderungen (vgl. Schaubild 8):

- Die vollständige Liberalisierung des Binnenmarktes im Zusammenspiel mit einem reduzierten Außenschutz führt zu einer Verschiebung der Grenzkostenkurven der Zuckererzeugung in der Bundesrepublik Deutschland von A_A und A_B auf A_2. Ursache hierfür ist insbesondere die Abschaffung der Quotenregelung. Der Wegfall dieser Produktionsbeschränkung ermöglicht eine Ausdehnung der Zuckerproduktion an den wettbewerbsfähigsten Standorten, die zu „economies of size und/ oder scale" führt. Die Einsparungseffekte bei den Produktionskosten resultieren aus der Senkung der Verarbeitungskosten durch die höhere Auslastung der Verarbeitungskapazitäten in den Zuckerfabriken und die Senkung der Erfassungskosten durch eine stärkere Konzentration der Rübenerzeugung auf das unmittelbare Einzugsgebiet der Verarbeitungsstandorte.

- Der Binnenmarktpreis erreicht maximal das festgelegte Außenschutzniveau P_2 und kann bei einer Überschusssituation, die allerdings auf dem europäischen Gesamtmarkt vorliegen muss, darunter sinken.

- Die Angebotsmenge kann zum Preis P_2 maximal von X_0 auf X_2 ausgedehnt werden. Die Gründe für die mögliche Angebotsreaktion liegen hauptsächlich in der o.a. deutlichen Senkung der Grenzkosten der Zuckerproduktion. Diese bewirkt, dass die deutschen Anbieter - trotz des stark reduzierten Binnenmarktpreisniveaus - in der Lage sind, eine wesentlich größere Zuckermenge kostendeckend bzw. gewinnbringend zu produzieren als in der Referenzsituation. Die Produktionsmenge X_2 entspricht der maximalen Zuckermenge, die die deutschen Fabriken unter den heutigen strukturellen Gegebenheiten produzieren können.

- Die deutsche Nachfrage bleibt mit einer Verbrauchsmenge in Höhe von X konstant. Allerdings steigen die Absatzmöglichkeiten auf dem europäischen Binnenmarkt stark an, weil infolge der Senkung des EU-Preisniveaus in einzelnen Mitgliedsstaaten die Produktion sinkt oder gar eingestellt wird.

- Aufgrund der starken Angebotsausdehnung bei konstanter Nachfrage entsteht ein deutliches Ungleichgewicht auf dem deutschen Zuckermarkt. Die Überschüsse in Höhe der Differenz zwischen X_2 und X können jedoch aufgrund der neuen Situation auf dem EU-Zuckermarkt vollständig in den anderen EU-Mitgliedstaaten abgesetzt werden[57].

---

[57] Diese Annahme ist dem Arbeitsdokument der EU-Kommission entnommen (vgl. Europäische Kommission: Der Weg zu einer Reform der Zuckerpolitik der Europäischen Union. „Arbeitsdokument der Kommissionsdienststellen", Brüssel, den SEK (2003), Internet: http://europa.eu.int/ comm/agriculture/publi/reports/ sugar/indeces_en.htm (zuletzt am 2. Okt. 2003), S. 29).

Kosten-Nutzen-analytische Bewertung

Anhand der wohlfahrtstheoretischen Analyse des Konzeptes lassen sich insbesondere die nachstehenden Ergebnisse ableiten:

- Es kommt zu deutlichen maßnahmenbedingten Umschichtungen bei den Produzentenrenten, und zwar entstehen
  - Verluste an Produzentenrente entsprechend der Fläche **b** aufgrund der Preissenkung
  - Gewinne an Produzentenrente durch
    - Kostenvorteile im Umfang von **e, f, j, k, g** und **l** gegenüber der bisherigen Produktionsmenge.
    - Einsparungen aus dem Wegfall der in der Referenzsituation nicht gedeckten Produktionskosten in Höhe von **v** und **o**, da die Erzeugung dieser Menge $(X_0 - X_3)$ nun ebenfalls zu den GK A_2 erfolgt.
    - die Erhöhung der Inlandserzeugung von X_0 auf X_2 nach Maßgabe der Flächen **p, w, bb, ee, ff, q, x, cc, r, y, dd** und **gg**.

- Den Verbrauchern entstehen Konsumentenrentengewinne infolge der Preissenkung gemäß der Fläche $(P_0 - P_2) * X$.

- Der Staatshaushalt wird durch die Maßnahme nicht beeinflusst.

4.5 Konzept III - „Vollkommene Liberalisierung"

Ausgestaltung des Konzeptes

Das Konzept der vollständigen Liberalisierung des EU-Zuckermarktes unterstellt vollkommen freie Marktverhältnisse ohne staatliche Eingriffe. Sämtliche Instrumente der Binnenmarkt- und Außenhandelsregelung werden im Zuge der Umsetzung dieses Konzeptes abgeschafft. Maßgeblich für die EU-Zuckererzeuger sind unter diesen Rahmenbedingungen ausschließlich die Weltmarktpreise und die Grenzkosten der Zuckerproduktion. Mit diesem Konzept sind daher im Vergleich zur Referenzsituation die größten Veränderungen verbunden.

Auswirkungen des Konzeptes

Die Auswirkungen einer vollständigen Liberalisierung des EU-Zuckermarktes lassen sich für den deutschen Zuckermarkt auf folgende zwei Aspekte konzentrieren:

- Zum Weltmarktpreisniveau P_W kann in der Bundesrepublik Deutschland Zucker nicht kostendeckend erzeugt werden. Selbst bei einer deutlichen Senkung der langfristigen Grenzkosten der Zuckerproduktion von A_A und A_B auf A_3 durch die Auslastung der Produktionskapazitäten in den Verarbeitungsunternehmen und die Verlagerung des Zuckerrübenanbaus auf die günstigsten Standorte liegen die Produktionskosten in Deutschland deutlich über dem Weltmarktpreis für Zucker (vgl. Schaubild 8).

• Die gesamte Inlandsnachfrage nach Zucker muss über Drittlandsimporte gedeckt werden. Dazu sind, neben Einfuhren aus den Präferenz-Ländern, auch Importe aus anderen Exportländern erforderlich[58].

Kosten-Nutzen-analytische Bewertung

Mit diesem Konzept sind nachstehende Änderungen einzelner Kosten- und Nutzenelemente verbunden (vgl. Schaubild 8):

• Die Produzenten verlieren infolge der Liberalisierung des Zuckermarktes die gesamte bisherige Produzentenrente gemäß den Flächen **b** und **d**, da zum Preis P_W die Zuckerproduktion eingestellt wird. Ein marginaler Nutzen in Höhe von **v** und **o** entsteht dadurch, dass die Überschussproduktion in der Referenzsituation, deren Grenzkosten über dem B-Zuckerpreis liegt, entfällt.

• Für die Verbraucher ergeben sich maßnahmenbedingte Gewinne. Aufgrund des deutlich niedrigeren Verbraucherpreises für Zucker steigt die Konsumentenrente um die Fläche $(P_0 - P_W) * X$ an[59], wenn die Angebotsverknappung auf dem Weltmarkt nicht zu einer drastischen Anhebung des Weltmarktpreises führt. Von erheblich größerer Bedeutung ist jedoch die nicht gewährleistete Versorgungssicherheit bei Zucker.

• Mit der Abschaffung der Stützungs- und Schutzmaßnahmen der EU-Zuckermarktordnung sind keine Auswirkungen auf den Staatshaushalt verbunden.

4.6 Vergleichende Bewertung der Wohlfahrtsänderungen der einzelnen Konzepte

Grundlage für die theoretische kosten-nutzen-analytische Untersuchung sowohl der Referenzsituation als auch der unterschiedlichen Reformkonzepte sind die in der graphischen Darstellung des deutschen Zuckermarktes in Schaubild 8 ausgewiesenen Flächen, die die monetären Kosten- und Nutzenwirkungen der Maßnahmen abbilden. Die Flächen entsprechen jedoch nur teilweise den Wohlfahrts- und Verteilungswirkungen der einzelnen Konzepte, da u.a. die Kosten der sozialen Sicherung bei den einzelnen Reformkonzepten in dem Systemvergleich nicht berücksichtigt sind. Aussagen über eine Rangfolge der verglichenen Konzepte sind anhand der Buchstaben nicht möglich. Voraussetzung hierfür wäre eine planimetrische Bestimmung der Flächen durch Integralrechnung.

---

[58] vgl. Schmidt, E.: Vorschlag für eine grundlegende Reform der EU-Zuckermarktordnung (VO 1260/2001). „Gutachten für IZZ" Göttingen, August 2002. – Schmidt, E.: Vorschlag für eine grundlegende und praktikable Reform der EU-Zuckermarktordnung. „Agrarwirtschaft", Jg. 52, Nr. 2/2003, S. 129 ff.

[59] Der Anstieg der Konsumentenrente hängt maßgeblich von dem Weltmarktpreisniveau für Zucker ab. Für die Untersuchung ist ein konstanter Weltmarktpreis P_W unterstellt. Dieser unrealistischen Annahme im Konzept III steht gegenüber, dass das Ausmaß der Preiserhöhung nicht prognostiziert werden kann. Im empirischen Teil dieser Untersuchung erfolgen dazu einige ausführlichere Anmerkungen.

Übersicht 16 - Vergleichende Beurteilung der theoretischen Wohlfahrts- und Verteilungswirkungen der untersuchten marktpolitischen Reformkonzepte für den deutschen Zuckermarkt[1]

	Ref.-system[2]	Konzept I[3]	Konzept II[4]	Konzept III[5]
Δ Produzen-tenrente:	- -	-(b,d) +(f,k,o,q,v,x,cc)	-(b) +(e,f,g,j,k,l,o,p,q,r, v,w,x,y,bb,cc,dd,gg)	-(b,d) +(o,v)
Δ Konsumen-tenrente:	- -	+(a,b,c,d,e,i,j)	- +(a,b,c,i)	- +(a,b,c,d,e,f,g,h,i,j, k,l,m)
Δ Staat:	- -	-	-	-
Δ Wohlfahrt:	- -	- +(a,c,e,f,i,j,k,o,q,v, x,cc)	- +(a,i,c,e,f,g,j,k,l, o,p,q,r,v,w,x,y,bb,cc, dd,ee,ff,gg)	- +(a,c,e,f,g,h,i,j, k,l,m,o,v)

1) Vgl. grafische Darstellung in Schaubild 8. - 2) Beibehaltung der derzeitigen EU-Zuckermarktpolitik. - 3) Senkung der Quotenmengen und des Interventionspreises. - 4) Aufhebung der Binnenmarktregelung bei Aufrechterhaltung des Außenschutzes. - 5) Vollkommene Liberalisierung.

Quellen: Schaubild 8.

Die vergleichende Auflistung der Flächen in Übersicht 16 dient lediglich der Kontrolle auf Vollständigkeit der zu berücksichtigen Effekte bei der Durchführung der empirischen Analysen.

5 Die Auswirkungen veränderter marktwirtschaftlicher Rahmenbedingungen auf die deutsche Zuckerwirtschaft

Das Ziel dieses Kapitels besteht darin, die auf der Grundlage des Rentenansatzes der Kosten-Nutzen-Analyse theoretisch dargestellten Auswirkungen veränderter Rahmenbedingungen empirisch zu quantifizieren. Anhand empirischer Daten sollen Aussagen über die Wohlfahrtswirkungen der unterschiedlichen Maßnahmen getroffen sowie ihr Einfluss auf die Wettbewerbsfähigkeit der deutschen Rüben-Zuckerwirtschaft bewertet werden. Dazu erfolgt zunächst die Beschreibung der Vorgehensweise zur Ermittlung der Grenzkostenfunktion der deutschen Zuckererzeugung in der Referenzsituation. Die Grenzkostenfunktion ist ein zentrales Element für die Ermittlung der Auswirkungen der unterschiedlichen Reformkonzepte.

5.1 Grundlegende Annahmen für die empirische Analyse

Für die im Rahmen dieser Arbeit durchgeführte empirische Analyse kommt ein komparativ-statisches Modellsystem zum Ansatz. Die Modelluntersuchung der kostennutzen-analytischen Auswirkungen der Reformkonzepte auf die deutsche Rüben-Zuckerwirtschaft erfolgt als Zeitpunktbetrachtung. Die Entscheidung für diese Vorgehensweise beruht auf einer Untersuchung der bisherigen Entwicklungen der Betriebsmittelpreise und Faktoreinsatzproduktivitäten, sowohl in der Landwirtschaft, als auch

54

in der Zuckerindustrie. Die Vergleiche zeigen, dass sich in beiden Sektoren die Produktivitäts- und Kostensteigerungen kompensieren. Aus diesem Grund erscheint ein statisches Modell, das diese Größen nicht berücksichtigt und in dem zusätzlich für die anderen Rahmenbedingungen die c.p.-Bedingung gilt, als hinreichend präzise und aussagekräftig, um die zukünftigen langfristigen, durchschnittlichen Produktionskosten zu berechnen. Zur Verdeutlichung der Argumentation folgt eine kurze Darstellung der bisherigen Entwicklungen der Produktivitäten und Kostensteigerungen in der Landwirtschaft und Zuckerindustrie:

Landwirtschaft

1) Kostenanstieg infolge der Erhöhung der Betriebsmittelpreise

Der Anstieg der Betriebsmittelpreise im Zeitraum 1990 – 2001 (vgl. Übersicht 17), der die Kosten der Rübenproduktion maßgeblich beeinflusst, setzt sich aus den Entwicklungen folgender Kostenpositionen zusammen:

1. Der Anstieg der Spezialkosten fiel im Verlauf des Betrachtungszeitraums moderat aus. Die Kosten für Dünge- und Pflanzenschutzmittel stiegen mit 0,6 und 1,2 v.H. p.a. nur geringfügig, die Preise für Saatgut dagegen mit durchschnittlich 4,7 v.H. p.a. deutlich.

2. Die Lohn-, Maschinen- und Allgemeinkosten nahmen im gleichen Zeitraum mit jährlichen Wachstumsraten von 1,8 bis 3,3 v.H. zu.

3. Unter Berücksichtigung des prozentualen Anteils der einzelnen Kostenpositionen errechnet sich ein durchschnittlicher jährlicher Anstieg der Gesamtkosten in der Zuckerrübenproduktion um 2,3 v.H.

2) Kostensenkung infolge von Produktivitätssteigerungen

Die Produktivitätsentwicklung aufgrund des biologisch-technischen Fortschritts kommt in der hohen Zuwachsrate des Zuckerertrags in t Ww/ha zum Ausdruck (vgl. Übersicht 4). Diese Entwicklung führt im Zuckerrübenanbau durch den abnehmenden Flächenbedarf zu einer Reduzierung des Faktoreinsatzes je erzeugter t Ww bzw. des Gesamtfaktoreinsatzes in der Zuckerproduktion infolge der Kontingentierung. Die durchschnittliche Wachstumsrate von 2,2 v.H. p.a.[60] im Zeitraum von 1990 - 2001 bewirkt eine Verringerung des Faktoreinsatzes um 2,2 v.H., die - unter der Annahme konstanter Faktorpreise - eine Kostensenkung um ebenfalls 2,2 v.H. p.a. zur Folge hat.

---

[60] Die Ermittlung der durchschnittlichen Wachstumsrate basiert nur auf den Ertragsstatistiken der westdeutschen Bundesländer, weil die Einbeziehung der ostdeutschen Länder aufgrund des niedrigen Ausgangsniveaus die realistisch erzielbaren Zuwächse verfälschen würde.

Übersicht 17 - Durchschnittliche jährliche Veränderung der Betriebsmittelpreise[1] in der landwirtschaftlichen Produktion in v.H. (1990-2001)

	Veränderung in v.H. (1990-2001)	Gewichtung in v.H.[2]
Spezialkosten		36
Saatgut	4,7	
Düngemittel	0,6	
Pflanzenschutzmittel	1,2	
Löhne	2,9	24
Maschinenkosten		27
Energie und Schmierstoffe	3,6	
Instandhaltung und Reparaturen	3,3	
Neue Maschinen	1,8	
Allgemeinkosten	2,6	13
Neubauten	0,2	

1) Indices für Preisentwicklung ohne MwSt. - 2) Anteil der einzelnen Kostenpositionen an den Gesamtkosten.

Quellen: StBA: Stat. Jahrbuch... a.a.O., versch. Jgg. - Landwirtschaftskammer Rheinland: a.a.O., versch. Jgg. - Eigene Berechnungen.

3) Saldierung der Kosteneffekte

Die Saldierung der Effekte aus dem zuvor ermittelten Kostenanstieg aufgrund der Erhöhung der Betriebsmittelpreise und der Kostensenkung durch Produktivitätssteigerungen zeigt, dass sich beide Werte nahezu kompensieren. Aus diesem Grund können die gegenläufigen Kostenentwicklungen für die Modellbetrachtungen vernachlässigt werden.

Zuckerindustrie

1) Kostenanstieg infolge der Erhöhung der Betriebsmittelpreise

Unabhängig von der Fabrikgröße entfallen auf die Kapital-, Arbeits- und Energiekosten ca. 82 v.H. der Gesamtkosten in der Zuckerindustrie. Dies unterstreicht deren große Bedeutung für die Kostenermittlung. Mit Anteilen von 40 v.H. bzw. 31 v.H. sind die Kapital- und Arbeitskosten die weitaus wichtigsten Einflussgrößen. Die Entwicklung der Energie- und Arbeitskosten lässt sich für den Untersuchungszeitraum 1990 – 2001 wie folgt beschreiben:

1. Die Entwicklung der Kosten für die vier wichtigsten Energieträger Heizöl, Erdgas, Stein- und Braunkohle kennzeichnet eine moderate Steigung von maximal 2 v.H. p.a.

56

2. Die Kosten pro Arbeitskraft stiegen in der Zuckerindustrie jährlich um ca. 3,8 v.H. p.a.[61].

Zur Ermittlung der kalkulatorischen Kapitalkosten, die sich aus Zinskosten und Abschreibung zusammensetzen, wird für die Zinskosten ein langfristiger Zinssatz von 7 v.H. p.a. unterstellt. Die Abschreibungen belaufen sich auf 2 v.H. bei Gebäuden und 8 v.H. bei Anlagen.

2) Kostensenkung infolge von Produktivitätssteigerungen

Die durch Produktivitätssteigerungen ausgelösten Kostensenkungen in der Zuckerindustrie sind im Verlauf des Untersuchungszeitraums von 1990 – 2001 durch die Entwicklungen folgender Kostenpositionen charakterisiert:

1. Durch Effizienzsteigerungen ging der Energiebedarf je t Ww um ca. 2,9 v.H. jährlich zurück. Dies bedeutet bei konstanten Faktorkosten eine Kostensenkung um ebenfalls 2,9 v.H.[62].

2. Die Erhöhung der Arbeitsproduktivität aufgrund von Rationalisierungen im Bereich der Arbeitswirtschaft führte zu einer Senkung der Arbeitskosten um 4,1 v.H. p.a.[63].

Eine Analyse der Kapitalkostenentwicklung ist nicht erforderlich, weil das gebundene Kapital - und damit sowohl die Zinskosten als auch die Abschreibungen - als langfristig konstant unterstellt wird. Der Neubau von Fabriken wird im Rahmen dieser Untersuchung ausgeschlossen, so dass nur die vorhandenen Strukturen einbezogen und folglich ausschließlich deren Kosten untersucht werden. Somit ändern sich die Kosten für Zinsen und Abschreibungen im Betrachtungszeitraum nicht.

3) Saldierung der Kosteneffekte

Die Saldierung der Kostensteigerungen mit den Kostensenkungen zeigt, dass sich die unter Punkt 1 und 2 ermittelten Werte - wie auch in der Landwirtschaft - kompensieren. Eine Berücksichtigung dieser Entwicklungen im Modell zur Untersuchung zukünftiger Auswirkungen veränderter zuckermarktpolitischer Rahmenbedingungen auf die deutsche Zuckerwirtschaft erfolgt daher nicht.

Schlussfolgerungen

Die Entwicklung der Produktionskosten besitzt für diese Untersuchung aufgrund der o.a. Ergebnisse weder in der Landwirtschaft noch in der Zuckerindustrie große Relevanz, weil die Kostensenkungen infolge der Produktivitätssteigerungen und die Kostenanstiege aus der Erhöhung der Betriebsmittelpreise nahezu identisch sind und sich ihre Auswirkungen deshalb aufheben. Darum werden im Weiteren alle auf Basis der derzeitigen Situation berechneten einzelbetrieblichen sowie gesamtwirtschaftlichen

---

[61] WVZ: Stat. Tabellenbuch. a.a.O.; versch. Jgg.

[62] WVZ: Jahresbericht 2001/02. Landwirtschaftsverlag GmbH, Münster-Hiltrup, 2002, S. 54 ff.

[63] Vgl.: Nordzucker AG: Geschäftsberichte. Braunschweig, versch. Jgg. – Südzucker AG: Geschäftsberichte. Mannheim, versch. Jgg. - Pfeifer & Langen: Geschäftsberichte. Köln, versch. Jgg. (unveröffentlicht).

Auswirkungen der zu untersuchenden Reformkonzepte auf die zukünftige Situation übertragen.

5.2 Darstellung des Referenzsystems: Der deutsche Rüben-Zuckermarkt bei derzeitiger EU-Zuckermarktpolitik

Nachstehend wird das Referenzsystem für die kosten-nutzen-analytische Untersuchung der Reformkonzepte dargestellt. Dazu erfolgt zunächst die Ermittlung der Gesamt-Grenzkostenfunktion aus der Addition der entsprechenden Kostenfunktionen der Zuckerrübenerzeugung und -verarbeitung. Dabei wird u.a. auch eine Definition der Rahmenbedingungen sowie eine Untersuchung der Bestimmungsfaktoren vorgenommen. Das Referenzsystem bildet die Basis für den Konzeptvergleich. Auf dieser Grundlage werden die Auswirkungen der zu untersuchenden Reformkonzepte aufgezeigt und die einzelnen Konzepte vergleichend beurteilt. Die Aussagen beziehen sich nur auf die in die Analyse einbezogenen, von der EU-Kommission vorgeschlagenen Reformkonzepte, so dass lediglich die Vorteilhaftigkeit dieser Konzepte bestimmt wird. Das dabei ermittelte vorzüglichste Konzept muss jedoch nicht das beste Konzept zur Lösung der Probleme auf dem europäischen und insbesondere auch dem deutschen Zuckermarkt sein.

5.2.1 Ausgestaltung und Annahmen

Marktpolitische Rahmenbedingungen

Die Regelungen des Referenzsystems, determiniert durch die EU-Zuckermarktordnung[64], gelten bis zum 30. Juni 2006 (vgl. Kapitel 2.2). Die Marktordnung sieht für die deutschen Zuckerunternehmen eine Rüben-Zuckerproduktionsmenge von 3.416.896 t Zucker vor. Die Schwerpunkte des deutschen Zuckerrübenanbaus liegen in sieben regional abgrenzbaren Zuckerrüben-Anbaugebieten. Die Anbaufläche ging von 620.000 ha im Jahr 1990 auf 450.000 ha in 2001 zurück. Ursache hierfür waren insbesondere Ertragssteigerungen, vor allem in den fünf neuen Bundesländern, sowie Kürzungen bzw. Deklassierungen der Produktionsquote. Die Zuckerunternehmen verringerten im gleichen Zeitraum die Anzahl der Rüben verarbeitenden Zuckerfabriken von 54 auf 30 (28 im Jahr 2003). Die verbliebenen Produktionsstandorte verarbeiteten nicht nur das Rübenaufkommen im bisherigen Einzugsgebiet, sondern - nach Stilllegung der dortigen Fabriken - auch das entfernter gelegener Gebiete. Die Verringerung der Anzahl an Zuckerfabriken war eine Folge der starken Rationalisierungen in der Zuckerindustrie als Reaktion auf bereits realisierte Quotenkürzungen und die erwartete reformbedingte Verschlechterung der marktpolitischen Rahmenbedingungen.

Annahmen zur Berechnung der Erzeugungskosten in der Landwirtschaft

- Zur Ermittlung der durchschnittlichen Kosten der Zuckerrübenerzeugung werden u.a. die Kennziffern Anbaufläche, Ertrag und Gesamtabzüge herangezogen. Sie dienen der Abgrenzung der Produktionsgebiete, der Bestimmung der Verarbeitungsmenge

---

[64] Verordnung (EG) Nr. 1260/2001, a.a.O.

58

für die jeweilige Zuckerfabrik sowie der Erfassungskosten und sind verschiedenen Statistiken entnommen. Soweit vorhanden, gehen kreisspezifische Daten in die Kalkulationen ein, so dass die Datengrundlage die gegenwärtigen regionalen Verhältnisse in der Referenzsituation widerspiegelt.

• Für die Berechung der Produktionskosten je erzeugter Einheit ist neben der Leistungs- vor allem die Kostenkomponente von Bedeutung. Die Ermittlung der Kosten erfolgt entsprechend der bereits in Kapitel 3.1.3 beschriebenen Vorgehensweise. Abweichend davon wird allerdings nicht mehr nur von einem Durchschnittsbetrieb je Produktionsstandort, sondern von vier Modellbetriebstypen unterschiedlicher Größe und Kostenstruktur ausgegangen. Dabei werden die jeweiligen Kosten der vier Betriebstypen, entsprechend ihres regionalen Anteils an der Gesamtproduktion, zur Bestimmung der durchschnittlichen langfristigen Grenzkosten der Rübenerzeugung je Standort berücksichtigt.

Annahmen zur Berechnung der Erzeugungskosten in der Zuckerindustrie

• Die Verarbeitung der Zuckerrüben erfolgt in den 28 Fabriken, die in der Kampagne 2002/03 in Betrieb waren.

• Die Verarbeitungskosten der einzelnen Fabriken werden mittels der in Kapitel 3.2 erläuterten Kennziffern Fabrikkapazität, Kapazitätsauslastung und Zuckerausbeute berechnet.

• Die Erfassungskosten werden individuell für jede Fabrik anhand der für die einzelnen Anbauregionen ermittelten Parameter Produktionsdichte, Schmutzanteil und Ausbeute (vgl. Kap. 3.2.4) bestimmt.

5.2.2 Ermittlung der Grenzkosten

5.2.2.1 Vorgehensweise

Die Ermittlung der langfristigen Grenzkostenfunktion für die deutsche Zuckerrübenproduktion erfolgt - unter Berücksichtigung des Strukturwandels - in folgenden vier Schritten[65]:

1. Abgrenzung von Produktionsstandorten anhand der Fabrikstandorte sowie der dazugehörigen Zuckerrübenanbaugebiete.

2. Kalkulation der langfristigen totalen Kosten der Zuckerrübenproduktion für die jeweiligen Produktionsstandorte.

3. Berechnung der langfristigen totalen Verarbeitungskosten inklusive der Erfassungskosten für die einzelnen Produktionsstandorte. Diese variieren in Abhängig-

---

[65] Vgl.: Gömann, H.: GAP zwischen Ökonomie und Politik - Sozialökonomische Beurteilung agrarpolitischer Maßnahmen der Agenda 2000 und des amerikanischen FAIR-Act. Diss., Universität Bonn 2001.

keit von den regionalen Standortparametern der Zuckerrübenerzeugung sowie den gegebenen Bestimmungsgrößen der Fabriken.

4. Ableitung der Gesamt-Grenzkostenkurve bzw. Angebotskurve für deutschen Zu- cker durch die Addition der Grenzkosten der Zuckerrübenerzeugung und - verarbeitung je Standort sowie Aggregation der Produktionsmengen nach anstei- genden Produktionskosten.

Als Kennziffer für die Rentabilität der deutschen Zuckerrübenerzeugung dient der Gewinn pro t Ww[66]. Dieser ergibt sich aus der Differenz zwischen Leistungen und Vollkosten der Zuckererzeugung. Die Vollkosten enthalten einen Ansatz für die Nut- zungskosten alternativer Produktionsverfahren sowie Eigenkapital- und Lohnkosten. Die Kosten für eingebrachte Quoten und Flächen bleiben unberücksichtigt[67]. Die ge- trennt für die Teilbereiche Landwirtschaft und Zuckerindustrie ermittelten Vollkosten entsprechen den langfristigen Grenzkosten des jeweiligen Sektors. Die aggregierten Vollkosten der beiden Teilbereiche bilden die langfristigen Gesamt-Grenzkosten des deutschen Zuckersektors ab. Der Gewinn je Produktionseinheit (unter Vollkostenbe- dingungen) stellt die langfristige Produktionsschwelle der Zuckererzeugung dar. Dar- über hinaus entspricht der erzielte Gewinn in der Landwirtschaft der maximalen Pachtzahlungsfähigkeit je ha, in der Zuckerindustrie dem Unternehmensgewinn[68]. Da- bei ist jedoch zu berücksichtigen, dass grundsätzlich sowohl bei den Zuckerfabriken als auch den Zuckerrübenerzeugern die Rentabilität der Erzeugung gegeben sein muss, weil aufgrund der Trennung von Zuckerindustrie und Landwirtschaft eine Mischkalku- lation nicht möglich ist. Die Summe der einzelbetrieblichen Gewinne in der Landwirt- schaft und Zuckerindustrie entspricht der Produzentenrente der Zuckerwirtschaft.

Diese Vorgehensweise ermöglicht es, durch die Variation der jeweils unterstellten durchschnittlichen Modellbetriebsgröße den infolge der Reformkonzepte zu erwarten- den Strukturwandel abzuschätzen. Als Kriterium für die Betriebsaufgabe wird die Un- terschreitung der Gewinnschwelle herangezogen. Das gleiche Prinzip kommt auch für die Bestimmung der Auswirkungen auf die regionalen Flächenverteilungen und An- bauumfänge in der Zuckerrübenerzeugung zur Anwendung.

---

[66] Steffen, G. und D. Born: Betriebs- und Unternehmensführung in der Landwirtschaft. Eugen Ulmer Verlag, Stuttgart 1987, S. 288.

[67] Auf die Berücksichtigung eines Pachtansatzes wird u.a. deshalb verzichtet, weil in der Landwirt- schaft Rentabilitätsänderungen langfristig zu einer Anpassung des Pachtpreisniveaus führen, da die landwirtschaftlichen Flächen - ohne außerlandwirtschaftliche Nutzung - auch bei niedrigerem Pachtzins bewirtschaftet werden (vgl. Brandes, W.: Wettbewerb in der Landwirtschaft aus Sicht der evolutorischen Ökonomik. „Agrarwirtschaft", Jg. 49, Nr. 8/2000, S. 285).

[68] Aufgrund des in der EU-Marktordnung festgesetzten Rübenpreises erfolgt die Aufteilung der am Markt erzielten Gesamterlöse wie folgt: Die Zuckerfabrik zahlt den Landwirten den vorgegebenen Rübenpreis zuzüglich der Qualitätszuschläge und erhält zur Deckung der eigenen Kosten die Diffe- renz zwischen Markterlös und Rohstoffkosten.

60

5.2.2.2 Abgrenzung der Produktionsregionen

Die Produktionsregionen werden nach Maßgabe der Einzugsgebiete der Zuckerfabriken abgegrenzt. In Deutschland lassen sich aufgrund der gegebenen Standortverteilung der Verarbeitungsbetriebe 28 Produktionsregionen definieren (vgl. Schaubild 9).

Schaubild 9 - Regionale Verbreitung des Zuckerrübenanbaus und Standorte der Zuckerfabriken (2002)

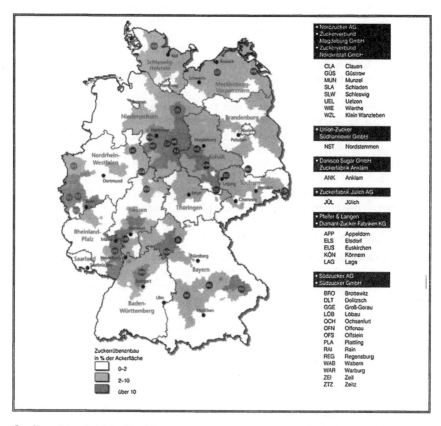

Quelle: Wirtschaftliche Vereinigung Zucker (WVZ): Zuckermarkt 2000/2001/2002... Zahlen, Fakten und Tendenzen. Landwirtschaftsverlag GmbH, Münster 2002.

Diese verteilen sich auf sieben regional abgrenzbare Zuckerrüben-Anbaugebiete, die durch die Regionen Schleswig-Holstein, Mecklenburg-Vorpommern, Hildesheimer-Börde, Magdeburger-Börde, Köln-Aachener-Bucht, Frankfurt (Wetterau, Mainzer und Würzburger Becken einschließlich dem Neckarraum Stuttgart-Heilbronn) und die Region Donauknie in Bayern repräsentiert werden. Die räumliche Abgrenzung der Produktionsregionen ist im Verlauf der Arbeit insbesondere für die Zuordnung der jeweiligen Kosten der Zuckerrübenerzeugung zu den Produktionsstandorten und die Bestimmung der Entfernung zwischen Anbau- und Verarbeitungsbetrieb im Rahmen der Erfassungskostenanalyse von Bedeutung. Zur Ermittlung der regional unterschiedlichen Produktionskosten werden als Einflussfaktoren der Flächenertrag und die Betriebsgröße herangezogen.

1. Flächenertrag

Die Basis für die in den Modellberechnungen verwendeten Flächenerträge bildet die bereits in Übersicht 4 dargestellte Entwicklung des Durchschnittsertrags in den Jahren 1998/99 bis 2000/01. Der Vergleich mit dem Durchschnittswert der Jahre 1991/92 bis 1993/94 zeigt, dass die Erträge in Anbaugebieten mit niedrigem Ertragsniveau sowohl relativ als auch absolut deutlich stärker stiegen als in Gebieten mit hohen Erträgen. Aufgrund dieser Entwicklung hat sich die Differenz zwischen den durchschnittlichen Erträgen in den Anbauregionen verringert. Die Ermittlung des spezifischen Ertragspotentials der regionalen Ackerflächen erfolgt auf der Grundlage bis auf Kreisebene differenzierter Ertragsdaten. Zur Darstellung des Ertragspotentials werden die Daten der Verarbeitungsstandorte in vier Ertragsklassen untergliedert, und zwar in die Klassen mit einem durchschnittlichen Ertrag von weniger als 50 t/ha; 50-55 t/ha; 55-60 t/ha und mehr als 60 t Rüben pro ha. Der Zuckerertrag pro ha in der jeweiligen Ertragsklasse errechnet sich aus Rübenertrag pro ha, multipliziert mit der für den Standort ausgewiesenen durchschnittlichen Zuckerausbeute.

2. Betriebsgröße

Der Einfluss der Betriebsgröße auf die Kosten der Rübenerzeugung wurde bereits in Kapitel 3.1.2 erläutert. An dieser Stelle werden daher nur die Annahmen beschrieben, die zur Abschätzung der maßnahmenbedingten Strukturveränderungen notwendig sind. In den Kalkulationen wird der Bestimmungsfaktor Betriebsgröße durch vier Modellbetriebe unterschiedlicher, aber repräsentativer Flächenausstattungen berücksichtigt. Für diese Betriebe gilt - unabhängig von der Größe - dass sie

- eine Bewirtschaftungseinheit mit eigenständigem Betriebszweig Ackerbau darstellen, deren Besitz- und Eigentumsverhältnisse nicht differenziert werden. Dadurch besitzen Großbetriebe und Betriebskooperationen den gleichen Status.

- das Ziel der nachhaltigen Wirtschaftlichkeit verfolgen. D.h., diese Betriebe verhalten sich als Gewinnmaximierer sowie Mengenanpasser auf den Faktor- und Produktmärkten und haben keine Einflussmöglichkeit auf die Preisgestaltung.

Darüber hinaus wird zur Abschätzung des potentiellen Strukturwandels infolge der Auswirkungen der zu untersuchenden Reformkonzepte eine weitere Differenzierung der Produktionsregionen vorgenommen. Dazu dienen das regionale Flächenpotential, untergliedert nach Ertragsklassen und der Anteil der Ackerfläche (AF) an der landwirtschaftlichen Nutzfläche (LF).

Flächenpotential

Zwischen dem Anteil der AF an der LF und den Produktionskosten besteht ein enger Zusammenhang. Mit steigendem AF-Anteil

- nimmt die durchschnittliche Schlaggröße und daraus folgend die Möglichkeit zur Rationalisierung und Kosteneinsparung in der Zuckerrübenproduktion zu

- verringert sich die durchschnittliche Entfernung zwischen Hofstelle und Feld.

Aus diesen Gründen sinken mit steigendem AF-Anteil an der LF die Transport-, Arbeits- und Maschinenkosten und somit auch die Gesamtkosten.

Zur eingehenderen Untersuchung des Einflusses des AF-Anteils auf die Rübenproduktion erfolgt eine Kategorisierung der Produktionsstandorte anhand des bei gegebenem AF-Anteil überwiegenden Betriebstyps in die folgenden vier Kategorien:

1. Ackerbauregionen: Standorte mit mehr als 75 v.H. AF an der LF

2. Region mit Gemischtbetrieben: Standorte mit 50-75 v.H. AF an der LF

3. Futterbauregionen: Standorte mit 25-50 v.H. AF an der LF

4. Grünland- oder Dauerkulturregionen: Standorte mit weniger als 25 v.H. AF an der LF.

Übersicht 18 zeigt die Verteilung der Ackerfläche in Abhängigkeit vom durchschnittlichen Zuckerrübenertrag in t/ha und AF-Anteil in der Bundesrepublik Deutschland.

Übersicht 18 - Verteilung des Flächenpotentials für den Anbau von Zuckerrüben in Deutschland in Mio. ha und v.H. (1999)

	BRD	Standorte mit einem AF-Anteil von... an der LF			
		> 75 v.H.	50 - 75 v.H.	25 - 50 v.H.	< 25 v.H.
Durchschnittsertrag	Ackerfläche in Mio. ha				
BRD	10,7	6,9	3,3	0,5	0,0
> 60 t/ha	2,6	1,5	1,0	0,1	-
55 – 60 t/ha	2,1	1,3	0,6	0,1	0,0
50 – 55 t/ha	2,8	2,1	0,6	0,2	-
< 50 t/ha	3,2	2,0	1,1	0,1	0,0
Durchschnittsertrag	Ackerfläche in v.H.				
BRD	100,0	64,5	30,9	4,5	0,1
> 60 t/ha	24,3	14,4	9,0	0,9	-
55 – 60 t/ha	19,3	12,2	5,7	1,3	0,1
50 – 55 t/ha	26,5	19,3	5,7	1,5	-
< 50 t/ha	29,9	18,6	10,5	0,8	0,0

Quellen: StBA: Fachserie 3, Reihe 3, a.a.O., versch. Jgg. - Eigene Berechnungen.

Aus Übersicht 18 lassen sich nachstehende Aussagen ableiten:

1. Mit ca. 65 v.H. an der LF entfällt der größte Teil der AF auf Ackerbauregionen. Weitere 31 v.H. der AF befinden sich in Regionen mit vorwiegend Gemischtbetrieben. Standorte mit einem AF-Anteil von weniger als 50 v.H. an der LF spielen für den Anbau von Ackerkulturen eine untergeordnete Rolle, da sie nur ca. 4 v.H. der Gesamtackerfläche repräsentieren.

2. Auf ca. 44 v.H. der AF in der Bundesrepublik Deutschland werden durchschnittliche Zuckerrübenerträge von mehr als 55 t/ha erzielt, und zwar in Regionen mit einen AF-Anteil von mehr als 50 v.H. an der LF.

3. Regionen mit einem AF-Anteil von weniger als 50 v.H. an der LF haben aufgrund ihres geringen Anteils an der Gesamtackerfläche sowie der nur geringen Durchschnittserträge (ca. 60 v.H. Fläche liegen in den Ertragsklassen unter 55 t/ha) für den Zuckerrübenanbau nahezu keine Bedeutung.

Den gegenwärtigen Umfang der Zuckerrübenproduktion in den zuvor abgegrenzten Regionen zeigt Übersicht 19. Dargestellt ist der jeweilige Anteil der Zuckerrübenanbaufläche an der AF der Standorte.

Übersicht 19 - Anteil der Zuckerrübenanbaufläche an der AF in den einzelnen Regionen in v.H. (1999)

| | Standorte mit einem AF-Anteil von... an der LF | | | |
	> 75 v.H.	50 - 75 v.H.	25 – 50 v.H.	< 25 v.H.
Durchschnittsertrag	Zuckerrübenanbaufläche in v.H.			
> 60 t/ha	6,6	1,7	3,3	-
55 – 60 t/ha	9,9	3,3	2,5	1,3
50 – 55 t/ha	4,6	2,1	3,3	-
< 50 t/ha	2,9	1,6	1,3	1,4

Quellen: vgl. Übersicht 18.

Folgende Aspekte sind hervorzuheben:

• Die Bedeutung des Zuckerrübenanbaus ist - gemessen am Anteil der Zuckerrübenanbaufläche an der AF - in den Ackerbauregionen mit Abstand am größten, wobei der Anteil jedoch nicht über 10 v.H. hinausgeht. Am höchsten ist der Flächenanteil mit 9,9 v.H. an der AF auf den Standorten mit Flächenerträgen zwischen 55 – 60 t/ha, am geringsten mit 2,9 v.H. an der AF auf Standorten mit Erträgen unter 50 t/ha.

• In den Gemischtbetriebs- und Futterbauregionen beträgt der Flächenanteil der Zuckerrübenproduktion an der AF lediglich 1,3 - 3,3 v.H.. Damit ist die Stellung des Zuckerrübenanbaus in diesen Regionen sehr gering. Dies wird zusätzlich dadurch verdeutlicht, dass sich auf diesen Standorten insgesamt nur ca. 17 v.H. der Rübenanbaufläche befinden, obwohl sie ca. 35 v.H. der gesamten AF repräsentieren.

- In den Grünlandregionen beläuft sich die Zuckerrübenanbaufläche nur auf insgesamt ca. 2,7 v.H. der LF (350 ha). Diese Standorte haben damit für die Produktion von Zuckerrüben keine Bedeutung.

Trotz der Konzentration der Zuckerrübenproduktion auf die Ackerbauregionen wird, aufgrund der Quotenregelung, in keiner Ackerbauregion das vorhandene Produktionspotential ausgeschöpft. Bei einem derzeitigen Fruchtfolgeanteil der Zuckerrübe von knapp 10 v.H. an der AF wäre in allen Gebieten eine Ausdehnung bis zum Erreichen der Fruchtfolgerestriktion in Höhe von 33 v.H. möglich[69]. D.h., die Konzentration der Zuckerrübenanbaufläche auf die Einzugsgebiete der Fabriken bietet noch ein großes Potential für Kosteneinsparungen.

Die Abgrenzung der Produktionsstandorte unter Verwendung des Kriteriums AF-Anteil an der LF führt zu dem Ergebnis, dass ca. 85 v.H. aller Rüben in Ackerbauregionen angebaut werden. Der AF-Anteil an der LF hat daher auf die Kosten der Zuckerrübenerzeugung nur einen geringen Einfluss und bleibt deshalb bei der Kostenermittlung im Rahmen dieser Untersuchung unberücksichtigt.

5.2.2.3 Langfristige Grenzkosten der Zuckerrübenproduktion in der Bundesrepublik Deutschland

Die Ermittlung der langfristigen Grenzkosten der Zuckerrübenerzeugung basiert auf Vollkostenkalkulationen und wird, analog zur Berechnung der regionalen Durchschnittskosten (Kap. 3.1.3), nach folgender Vorgehensweise durchgeführt:

1. Bildung von vier Modellbetrieben je Produktionsstandort mit einer Flächenausstattung von jeweils 50, 150, 500 und 1.000 ha LF.

2. Bestimmung der proportionalen und disproportionalen Spezial- und Gemeinkosten für die vier Modellbetriebe mit Hilfe von Normdatenstatistiken und Buchführungsergebnissen ausgewählter Institutionen.

3. Ermittlung der einzelbetrieblichen Grenzkosten der Rübenerzeugung aus der Addition der disproportionalen sowie proportionalen Spezial- und Gemeinkosten.

4. Aggregation der vier einzelbetrieblichen Grenzkostenniveaus zu den durchschnittlichen, langfristigen Grenzkosten einer Produktionsregion, unter Berücksichtigung der jeweiligen Anteile der nach Ertrags- und Größenklasse differenzierten Modellbetriebe an der regionalen Gesamterzeugung.

Übersicht 20 weist die Grenzkosten des Zuckerrübenanbaus in €/t Ww aus. Dabei sind vor allem folgende Aspekte herauszustellen:

---

[69] Im Hinblick auf den unterstellten Fruchtfolgeanteil der Zuckerrübe von 33 v.H. ist anzumerken, dass bis in die 90er Jahre 25 v.H. als das Maximum angesehen wurde. Aufgrund der Verfügbarkeit nematodenresistenter Sorten besteht jedoch inzwischen die Möglichkeit, den Anteil des Anbaus mit nur zwei Ruhejahren auf 33 v.H. der AF auszudehnen (vgl.: N.N.: Fruchtfolge. „Landwirtschaftlicher Informationsdienst Zuckerrübe", Internet: www.liz-online.de/gi/ff/fruchtfolge1.htm (zuletzt am 14. Oktober 2004)).

Übersicht 20 - Langfristige Grenzkosten der deutschen Zuckerrübenproduktion (in €/t Ww)

Ertragsklasse (in t Rüben/ha)	Modellbetriebsgröße (in ha LF)			
	50	150	500	1.000
Zuckerausbeute 15 v.H.				
> 60	199,8	161,2	122,5	-
55-60	216,5	173,2	131,2	112,6
50-55	233,1	186,5	141,9	121,2
< 50	257,1	208,5	157,8	133,2
Zuckerausbeute 16 v.H.				
> 60	187,5	151,3	115,0	-
55-60	203,1	162,5	123,1	105,6
50-55	218,8	175,0	133,1	113,8
< 50	241,3	195,6	148,1	125,0
Zuckerausbeute 17 v.H.				
> 60	176,4	142,3	108,2	-
55-60	191,1	152,9	115,8	99,4
50-55	205,8	164,6	125,2	107,0
< 50	227,0	184,0	139,4	117,6

Quellen: StBA: Fachserie 3, Reihe 2.1.6, a.a.O., versch. Jgg. - StBA: Fachserie 3, Reihe 2.1.2, a.a.O., versch. Jgg. - Landwirtschaftskammer Rheinland: Auswertung der Schlagkartei für Zuckerrüben. a.a.O, versch. Jgg. - Landwirtschaftskammer Kiel: a.a.O. - Sächsisches Staatsministerium für Umwelt und Landwirtschaft: Buchführungsergebnisse. Dresden, 2002. - KTBL: „Taschenbuch Landwirtschaft", a.a.O. - KTBL: „Standarddeckungsbeiträge", a.a.O. - StBA: Statistisches Jahrbuch über Ernährung Landwirtschaft und Forsten. a.a.O., versch. Jgg. - Eigene Erhebungen und Berechnungen.

• Die Grenzkosten der Zuckerrübenerzeugung variieren in Abhängigkeit von der Betriebsgröße, Ertragsklasse und Ausbeute zwischen 99,40 und 257,10 €/t Ww.

• Die Grenzkosten in dem 50 ha LF Betrieb sind in etwa doppelt so hoch wie in dem 1.000 ha LF Betrieb. Diese Kostendifferenz resultiert nur unwesentlich aus dem unterschiedlichen Umfang des Zuckerrübenanbaus, sondern aus allgemeinen, betriebsgrößenbedingten Kosteneffekten. Es zeigt sich damit, dass das größte Potential zur Kostensenkung im Struk-turwandel liegt. Dabei ist zu berücksichtigen, dass die Möglichkeit zur Kostenreduzierung durch Betriebsgrößenwachstum ab einer Betriebsgröße von 500 ha LF deutlich abnimmt.

• Die Grenzkosten je t Ww sinken zwar mit steigendem Ertrag und zunehmender Zuckerausbeute, die Unterschiede zwischen den einzelnen Ertragsklassen sowie Ausbeutesätzen sind jedoch im Vergleich zum Struktureffekt gering.

Die ermittelten einzelbetrieblichen Grenzkosten werden in den Modellkalkulationen als konstant unterstellt. D.h., Intensitätsanpassungen als Reaktion der Produzenten auf abnehmende Grenzerträge werden vernachlässigt. Entsprechende Anpassungsreaktionen sind allerdings auch nicht zu erwarten, weil die Rübenerzeuger versuchen, durch unveränderte Intensitäten ihre Ertrags- und Erlösrisiken zu minimieren[70]. Die ermittelten Grenzkosten werden aufgrund der Kompensation des Kostenanstiegs durch die Produktivitätssteigerung auch für die in die Zukunft gerichteten Modellkalkulationen verwendet.

5.2.2.4 Langfristige Grenzkostenkurve der Zuckerrübenverarbeitung

Der Berechnung der langfristigen Grenzkostenkurve der Zuckerrübenverarbeitung (vgl. Schaubild 10) liegt folgende Vorgehensweise zugrunde:

1. Ermittlung der langfristigen durchschnittlichen Verarbeitungskosten für alle 28 Zuckerfabriken, differenziert nach Verarbeitungskapazität (7.500, 10.000, 12.500 und 16.500 tato), sowie Investitions-, Personal- und Materialkosten, Auslastung und Ausbeute (vgl. Kap. 3.2).

2. Bestimmung der betriebsindividuellen Erfassungskosten mit Hilfe eines Erfassungskostenmodells (vgl. Kap. 3.2.4), in dem die Produktionsdichte und Verarbeitungskapazität der einzelnen Produktionsstandorte die wesentlichen Einflussgrößen darstellen.

3. Ermittlung der einzelbetrieblichen, langfristigen durchschnittlichen Grenzkosten der Zuckerrübenverarbeitung[71] durch Addition der Verarbeitungs- und Erfassungskosten der einzelnen Zuckerfabriken.

4. Ableitung der langfristigen Grenzkostenkurve der Zuckerrübenverarbeitung durch die horizontale Aggregation der Erzeugungsmengen je Standort nach ansteigenden Kosten je t/Ww. Es liegt die Annahme zugrunde, dass die Grenzkosten in den einzelnen Zuckerfabrikstypen konstant sind, weil diese den langfristigen durchschnittlichen totalen Kosten entsprechen[72].

Die Annahme konstanter Grenzkosten in den Fabriken führt zu dem in Schaubild 10 dargestellten stufenförmigen Verlauf der Grenzkostenkurve[73] der deutschen Rübenverarbeitung.

---

[70] Wagner, P.: Konsequenzen für die Projektion von Politikmaßnahmen bei Annahme unterschiedlicher Produktionsfunktionen. Schriften der Gesellschaft für Wirtschafts- und Sozialwissenschaften des Landbaues. Bd. 31, Münster 1995, S. 389 ff.

[71] Von den langfristigen durchschnittlichen Grenzkosten werden die Nebenprodukterlöse aus dem Melasse- und Rübenschnitzelverkauf abgezogen, um bei der Modellanalyse nicht zwischen marktordnungsbedingten und sonstigen Erlösen differenzieren zu müssen.

[72] Dieser Vorgehensweise liegen nachstehende Überlegungen zugrunde: Alle Kostenpositionen sind infolge des langfristigen Betrachtungshorizonts der Untersuchung variabel. Fehlende Beschränkungen der zu verarbeitenden regionalen Rübenmenge führen zukünftig zu einer Vollauslastung bei verbesserten Strukturen in der Zuckerrübenverarbeitung, so dass konstante Grenzkosten unterstellt werden können.

[73] Vgl. Koester, U.: Grundzüge der landwirtschaftlichen Marktlehre. 2. Auflage. München 1992, S. 77 f.

Schaubild 10 - Langfristige Grenzkostenkurve der Zuckerrübenverarbeitung in Deutschland (in €/t Ww)

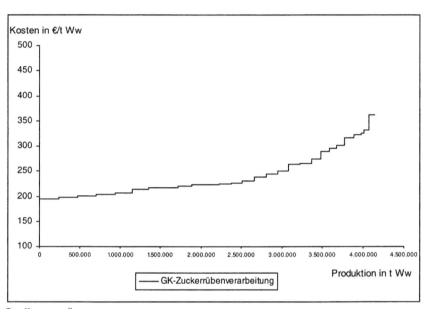

Quellen: vgl. Übersichten 10, 11, 14 und 15.

Aus Schaubild 10 lassen sich folgende Zusammenhänge ableiten:

1. In der Referenzsituation betragen die Verarbeitungskosten in den fünf wettbewerbsfähigsten Zuckerfabriken ca. 200 €/t Ww. Auf diese Betriebe entfallen mit etwa 1 Mio. t Ww ca. 25 v.H. der deutschen Zuckererzeugung. Die einzelbetrieblichen Daten zeigen, dass diese Fabriken über eine Verarbeitungskapazität von mehr als 12.500 tato verfügen und die Kampagnedauer mehr als 90 Tage beträgt.

2. Bis zu einer Menge von ca. 2,6 Mio. t Ww steigen die Grenzkosten auf ca. 230 €/t Ww. Dies liegt darin begründet, dass in den Betrieben, die diese Mengen erzeugen, die Verarbeitungskapazität nur ca. 10.000 tato beträgt. Im Vergleich zu den 12.500 tato Fabriken liegen die Erfassungskosten jedoch deutlich niedriger. Außerdem ist die Kampagnedauer in diesen Fabriken mit mehr als 94 Tagen im Vergleich zum Durchschnitt der insgesamt 28 Fabriken (92 Tage) ebenfalls überdurchschnittlich lang.

3. Ab einer Produktionsmenge von 2,6 Mio. t Ww nehmen die langfristigen Grenzkosten in den verbleibenden, weniger wettbewerbsfähigen Zuckerfabriken bis auf 360 €/t Ww stark zu. Die höheren Verarbeitungskosten in diesen Betrieben sind u.a. auf die zu geringen Verarbeitungskapazitäten der Fabriken, niedri-

ge Auslastungen und überhöhte Erfassungskosten aufgrund ungünstigerer Standorte der Verarbeitungsbetriebe zurückzuführen.

5.2.2.5 Langfristige Gesamt-Grenzkostenkurve der Zuckererzeugung unter derzeitigen Rahmenbedingungen

Die Ableitung der langfristigen Gesamt-Grenzkostenkurve erfolgt durch Addition der langfristigen Grenzkosten der Zuckerrübenproduktion und -verarbeitung. Dabei wird unterstellt, dass die Grenzkosten der Zuckererzeugung insgesamt, also sowohl die der Zuckerrübenproduktion als auch der -verarbeitung, an dem jeweiligem Standort konstant sind. Die Berechnungen basieren auf den langfristigen durchschnittlichen totalen Kosten der Zuckererzeugung, die annahmegemäß den Grenzkosten entsprechen. Die Ermittlung der Gesamt-Grenzkostenkurve erfolgt in zwei Schritten:

1. Berechnung der Gesamt-Grenzkosten der Zuckererzeugung für jeden einzelnen Produktionsstandort durch die Addition der Grenzkosten der Zuckerrübenverarbeitung und -erzeugung.

2. Horizontale Aggregation der Erzeugungsmengen je Produktionsstandort nach ansteigenden Grenzkosten pro Mengeneinheit. Diese Anordnung der standortbezogenen Grenzkosten bildet die Gesamt-Grenzkostenkurve der Zuckererzeugung ab.

Die resultierende Gesamt-Grenzkostenkurve (vgl. Schaubild 11) ist als Angebotskurve für Zucker interpretierbar[74]. In diesem Fall repräsentiert jede Stufe der Funktion einen Produktionsstandort, d.h. eine Zuckerfabrik mit ihrem dazugehörigen Anbaugebiet. Die Differenz zwischen der Grenzkostenkurve insgesamt und der Grenzkostenkurve der Zuckerrübenverarbeitung entspricht den durchschnittlichen Erzeugungskosten der Zuckerrüben am jeweiligen Standort.

---

[74] Vgl. Weinschenk, G.: Probleme der quantitativen Angebotsanalyse auf Agrarmärkten. „Zeitschrift Für Die Gesamte Staatswissenschaft", Bd. 120, Tübingen 1964, S.164 ff.

Schaubild 11 - Langfristige Gesamt-Grenzkostenkurve der deutschen Rüben-zuckererzeugung (in €/t Ww)

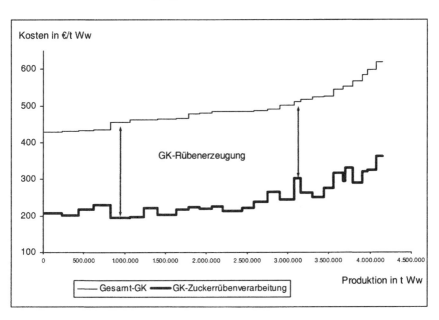

Quelle: Eigene Berechnungen.

Aus Schaubild 11 lassen sich bezüglich der Erzeugungskosten für Zucker nachstehende Zusammenhänge ableiten:

1. Die Kosten der Zuckererzeugung aus Rüben in Deutschland variieren über alle Standorte in der Referenzsituation zwischen ca. 420 €/t Ww und 630 €/t Ww.

2. Die Steigung der Gesamt-Grenzkostenkurve wird im Wesentlichen durch den Anstieg der Verarbeitungskosten bestimmt.

3. Die im Vergleich zur Grenzkostenkurve der Zuckerrübenverarbeitung geringeren Schwankungen der Gesamt-Grenzkostenkurve resultieren aus der Tatsache, dass auf den einzelnen Produktionsstandorten niedrigen (hohen) Verarbeitungskosten hohe (niedrige) Kosten der Rübenerzeugung gegenüberstehen.

4. Aus den Berechnungen wird deutlich, dass eine wettbewerbsfähige Rübenzuckerproduktion kostengünstige Produktionsverhältnisse, sowohl in der Rübenerzeugung als auch -verarbeitung, voraussetzt. Die in Schaubild 11 mit Pfeilen markierten Standorte zeigen, dass die Kosten- und damit Wettbewerbsvorteile einer leistungsfähigen Zuckerrübenverarbeitung durch hohe Produktionskosten

in der Zuckerrübenerzeugung nicht zum Tragen kommen (linker Pfeil). Dieses gilt auch im umgekehrten Fall (rechter Pfeil).

5.2.3 Nachfrage und Preisbildung

Entsprechend der Annahme in Kapitel 4.2 wird auch für die empirische Untersuchung unterstellt, dass die Nachfrage vollkommen preisunelastisch reagiert. Das Nachfrageniveau ist durch einen langjährigen, nahezu konstanten Gesamtverbrauch in Höhe von 2,9 Mio. t Ww p.a. gekennzeichnet. Die Preisbildung im Referenzsystem wird durch den in der EU-Zuckermarktordnung festgesetzten Interventionspreis von 631,90 €/t Ww[75] bestimmt. Von diesem Interventionspreis leiten sich - nach Abzug der Produktionsabgaben - auch die Erzeugerpreise für A- und B-Zucker ab. In den Modellkalkulationen wird der Interventionspreis als Marktpreis zugrunde gelegt[76].

5.3 Referenzsystem

Schaubild 12 und Übersicht 21 weisen die in Kapitel 5.2 aufgezeigte Situation auf dem deutschen Zuckermarkt unter den gegenwärtigen marktpolitischen Rahmenbedingungen für den Zeitraum von 2000 – 2002 aus.

Erzeugung und Versorgung

Entscheidend für die Versorgungssituation auf dem deutschen Zuckermarkt in der Referenzsituation ist die Quotenregelung der derzeitigen EU-Zuckermarktordnung:

1. In Deutschland werden ca. 3,3 Mio. t Ww[77] Quoten-Zucker p.a. erzeugt. Davon entfallen ca. 2,6 Mio. t auf A-Zucker und 0,7 Mio. t auf B-Zucker. Die Zuckerrübenproduktion von ca. 50.000 landwirtschaftlichen Betrieben wird in 28 Fabriken verarbeitet.

2. Bei einer durchschnittlichen Zuckernachfrage von 2,9 Mio. t Ww p.a. beträgt der Selbstversorgungsgrad (SVG) bezogen auf den Quotenzucker ca. 114 v.H.. Hinzu kommt die C-Zuckerproduktion.

3. Überschüssiger Quotenzucker (ca. 400.000 t Ww) wird sowohl in anderen EU-Ländern abgesetzt als auch subventioniert in Drittländer exportiert.

---

[75] N.N.: Heimische Knolle contra Zuckerhut. „NGZ-ONLINE", Internet: www.ngz-online.de/ngz/-news/kreisneuss/2003-1021/zuckerruebe.html (zuletzt am 25. November 2003).

[76] Das tatsächliche Marktpreisniveau in Deutschland beträgt jedoch bis zu 725 €/t Ww, da durch das prohibitiv hohe Außenschutzniveau in der EU die Zuckerunternehmen regional eine Monopolstellung besitzen und damit die Preisbildung für Zucker beeinflussen.

[77] Dieser Wert entspricht der Quotenzuteilung an A- und B-Zuckerkontingenten für Deutschland im Durchschnitt der Jahre 2000 - 2002. Diese Quotenmenge ist aufgrund unterschiedlich hoher jährlicher Deklassierungen während dieses Zeitraums um etwa 0,1 Mio. t Ww geringer als die tatsächliche Quotenzuteilung in Höhe von 3,4 Mio. t Ww.

Schaubild 12 - Darstellung der Referenzsituation auf dem deutschen Zuckermarkt (2000 – 2002)

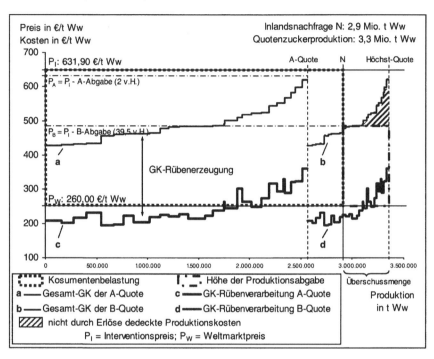

Quelle: Eigene Darstellung.

Konsumentenbelastung

In der Referenzsituation finanzieren die Konsumenten die europäische Zuckermarkt-politik über den im Vergleich zum langfristigen durchschnittlichen Weltmarktpreis von 260 €/t Ww deutlich höheren Interventionspreis von 631,90 €/t Ww, der gleichzeitig auch dem inländischen Marktpreis entspricht. Diese Preisdifferenz bedingt eine vergleichsweise hohe Rentabilität der Zuckererzeugung in der EU und ermöglicht die Erhebung von Produktionsabgaben zur Finanzierung des subventionierten Exports der überschüssigen Zuckermengen.

Übersicht 21 - Vergleich der kosten-nutzen-analytischen Ergebnisse der untersuchten Reformkonzepte mit dem Referenzsystem auf dem deutschen Zuckermarkt

	Einheit	Ref.-system[1]	Konzept I[2]	Konzept II[3]	Konzept III[4]
Anbau, Versorgung					
Anbaufläche	1.000 ha	451	406	570	-
Quotenproduktion[5]	Mio. t	3,3 (4,0)	4,0	5,4	-
Verbrauch	Mio. t	2,9	2,9	2,9	2,9
Nettoexporte[6]	Mio. t	0,4	1,1	2,5	-2,9
Δ Produzentenrente	**Mio. €**	-	**+ 109**	**+ 102**	**- 363**
Δ Zuckerindustrie	Mio. €	-	+ 118	+ 360	- 76
Δ Landwirtschaft	Mio. €	-	- 9	- 258	- 287
Δ Nutzen	**Mio. €**	-	**- 193**	**+ 350**	**- 2.085**
Δ Marktleistung	Mio. €	-	- 417	+ 350	- 2.085
Δ Zuckerindustrie	Mio. €	-	- 7	+ 528	- 913
Δ Landwirtschaft	Mio. €	-	- 410	- 178	- 1.172
Δ Direktzahlungen	Mio. €	-	+ 224	-	-
Δ Kosten	**Mio. €**	-	**- 302**	**+ 248**	**- 1.722**
Δ Abgaben	Mio. €	-	- 94	- 94	- 94
Δ Zuckerindustrie	Mio. €	-	- 40	- 40	- 40
Δ Landwirtschaft	Mio. €	-	- 54	- 54	- 54
Δ Produktionskosten	Mio. €	-	- 208	+ 342	- 1.628
Δ Zuckerindustrie	Mio. €	-	- 85	+ 208	- 797
Δ Landwirtschaft	Mio. €	-	- 123	+ 134	- 831
Δ Konsumentenrente	**Mio. €**	-	**+ 612**	**+ 528**	**+ 1.079**
Δ Staatsausgaben[7]	**Mio. €**	-	**+ 289**	**-**	**+ 174**
Δ Direktzahlungen	Mio. €	-	+ 224	-	-
Δ Sozialkosten	Mio. €	-	+ 65	-	+ 174
Δ Wohlfahrt	**Mio. €**	-	**+ 432**	**+ 630**	**+ 542**

1) Referenzsituation: Beibehaltung der derzeitigen EU-Zuckermarktpolitik. - 2) Konzept I: Senkung der Quotenmengen und des Interventionspreises. - 3) Konzept II: Aufhebung der Binnenmarktregelung bei Aufrechterhaltung des Außenschutzes. - 4) Konzept III: Vollkommene Liberalisierung. - 5) Wert in Klammern entspricht Gesamtproduktion. - 6) Nettoexporte = +; Nettoimporte = -. - 7) Positive Veränderungen werden in der Bilanz subtrahiert.

Quelle: Eigene Berechnungen.

Staatsausgaben

Die derzeit gültige EU-Zuckermarktordnung belastet den deutschen Staatshaushalt nur über die anteiligen Zahlungen an den EU-Haushalt zur Finanzierung der Präferenz-Zucker-Abkommen (vgl. Fußnote 54), die den Kosten der Zuckermarktordnung zuzuordnen sind. Diese würden jedoch nicht anfallen, wenn die EU-Quoten-Zuckerproduktion zumindest im Umfang des sog. Präferenz-Zuckers unter dem derzeitigen Niveau läge. Bezogen auf die Marktregelungen für Inlandsquotenzucker ist die EU-Zuckermarktordnung dagegen haushaltsneutral.

Kosten der Überschussproduktion

Dem deutschen Zuckersektor entstehen durch die Überschussproduktion erhebliche finanzielle Verluste. Dieses setzen sich zusammen aus den Kosten für die Finanzierung der subventionierten Drittlandsexporte an Quotenzucker und den nicht durch Erlöse gedeckten Produktionskosten (vgl. Schaubild 12). Diese Verluste werden im vollen Umfang von der deutschen Zuckerwirtschaft getragen[78].

Der sektorale Verlust aus der Überschussproduktion von ca. 400.000 t Quotenzucker beträgt unter den zuvor unterstellten Rahmenbedingungen 145 Mio. €. Davon entfallen auf

1. den subventionierten Zuckerexport ca. 126 Mio. €. Dieser Betrag entspricht den Produktionsabgaben, die von den deutschen Erzeugern auf den im Inland vermarkteten Quotenzucker an den EU-Fonds zu entrichten sind.

2. die nicht durch Erlöse gedeckten Produktionskosten für einen Teil der B-Zuckererzeugung ca. 19 Mio. €.

Dem EU-Fonds fließen aus dem Absatz von B-Zucker in defizitären Mitgliedsstaaten zusätzliche Produktionsabgaben zu. Dadurch verringert sich der Anteil der einzelnen Länder zur Finanzierung der subventionierten Exporte in Drittländer. Für die deutsche Zuckerwirtschaft bedingt das Einsparungen von ca. 32 Mio. €/a bzw. eine Verminderung des jährlichen sektoralen Verlustes von 145 Mio. € auf 113 Mio. €. Trotzdem führen die Überschüsse zu einem Verlust von ca. 32 €/t Ww für die Produzenten. Gemäß der Annahme, dass die Zuckerindustrie ihre Kosten deckt, fällt dieser Verlust ausschließlich in der Landwirtschaft an.

Einkommenssituation in der deutschen Zuckerwirtschaft

Zur Beurteilung der langfristigen Rentabilität der deutschen Zuckerwirtschaft in der Referenzsituation ist zu differenzieren zwischen der Rübenerzeugung und -verarbeitung in den jeweils vorgegebenen Modellbetrieben. Grundlage für die Rentabilitätsberechnungen ist der Gewinn je t Ww auf den jeweiligen Standorten. Die einzelbetrieblichen Gewinne sowie Produktionsabgaben weist Schaubild 13 aus.

---

[78] Abweichend vom theoretischen Konzept wird an dieser Stelle angenommen, dass die gesamte deutsche Überschussmenge subventioniert in Drittländer exportiert wird. Dies lässt sich damit begründen, dass es bei der Berechnung der Produktionsabgaben keine Rolle spielt, wie viel Quotenzucker ein einzelnes EU-Mitgliedsland auf dem EU-Binnenmarkt oder dem Weltmarkt absetzt.

74

Schaubild 13 - Gewinnsituation in Zuckerrüben anbauenden sowie verarbeitenden Modellbetrieben in der Referenzsituation

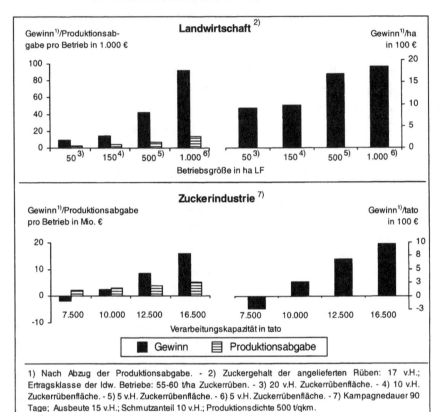

Quelle: Eigene Berechnungen.

Die wichtigsten Zusammenhänge sind:

- In jedem landwirtschaftlichen Betriebstyp werden mit dem Zuckerrübenanbau Gewinne erwirtschaftet[79]. Diese variieren in Abhängigkeit von der Betriebsgröße und Quotenausstattung zwischen 9.100 €/Betrieb bzw. ca. 900 €/ha im 50 ha LF Betrieb und 92.400 €/Betrieb bzw. 1.850 €/ha im 1.000 ha LF Betrieb. Dabei repräsentiert der

---

[79] Die Gewinne aus dem Zuckerrübenanbau sind für die Gewinnsituation vieler Ackerbaubetriebe wichtig, weil sie mit dem Anbau von Getreide nur geringe Gewinne oder sogar Verluste erwirtschaften (vgl. Landwirtschaftskammer Rheinland: Auswertung der Schlagkartei für Getreide Ernte 2003. a.a.O., S. 35).

50 ha LF Betrieb die Strukturbedingungen in Westdeutschland und der 1.000 ha LF Betrieb die in Ostdeutschland (vgl. Übersicht 8).

- Die Betriebsergebnisse der Zuckerrüben verarbeitenden Fabriktypen variieren zwischen Verlusten von 1,8 Mio. €/Fabrik bzw. ca. 250 €/tato in der 7.500 tato Fabrik und Gewinnen von 15,9 Mio. €/Fabrik bzw. ca. 950 €/tato in der 16.500 tato Fabrik. Die Existenzfähigkeit der unter Vollkostenbedingungen unrentablen Fabriken liegt im Wesentlichen darin begründet, dass bei kurz- bis mittelfristigen Produktionsentscheidungen Ansätze für Afa und Zinsen unberücksichtigt bleiben[80].

- Die Produktionsabgaben belasten sowohl die kleinen Zuckerrüben anbauenden als auch verarbeitenden Betriebe vergleichsweise stärker, als die größeren:

  - In der Landwirtschaft betragen die Produktionsabgaben in dem 50 ha LF Betrieb ca. 3.000 € bei einem Gewinn von ca. 12.000 €, in dem 1.000 ha LF Betrieb ca. 14.000 € bei einem Gewinn von ca. 106.000 €. D.h., die Produktionsabgaben mindern den Gewinn im 50 ha LF Betrieb um 23 v.H., im 1.000 ha LF Betrieb dagegen nur um 13 v.H.

  - In der Zuckerindustrie belaufen sich die Produktionsabgaben der 10.000 tato Fabrik auf ca. 3 Mio. €, der 16.500 tato Fabrik auf ca. 5 Mio. €. Bei Betriebsgewinnen von ca. 6 Mio. € bzw. 21 Mio. € entspricht das einer Gewinnreduzierung um 55 v.H. bzw. 25 v.H.

  - Sowohl in der Landwirtschaft als auch in der Zuckerindustrie wird in allen Betrieben das Investitionsvolumen verringert, der in den kleineren Betrieben verbleibende niedrige Betrag gefährdet jedoch deren Existenzfähigkeit.

5.4 Konzept I – „Senkung der Quotenmenge und des Interventionspreises"

Im Rahmen dieses Konzeptes werden die Auswirkungen des Vorschlags der EU-Kommission zur Reform der EU-Zuckermarktordnung vom 14. Juli 2004 analysiert[81]. Neben der Modifikation vorhandener Regelungen, wie z.B. der Senkung der Quotenmengen und des Interventionspreises, enthält der Vorschlag die Einführung neuer Elemente. Die wichtigsten sind die entkoppelten Ausgleichszahlungen (zur Kompensation preissenkungsbedingter Einkommensverluste in der Landwirtschaft) und die Möglichkeit des überregionalen Transfers von Produktionsquoten.

---

[80] An dieser Stelle ist anzumerken, dass die Erzeuger seit vielen Jahren - trotz der Überschusssituation - einen Marktpreis oberhalb des den Modellberechnungen zugrunde liegenden Interventionspreises erzielen. Mit den tatsächlich am Markt erzielten Preisen weisen auch die unter Vollkostenkalkulationen unrentablen Fabriken Gewinne und die übrigen Fabriken entsprechend höhere Gewinne aus (vgl. N.N.: EU-Kommission kommt europäischer Zuckerindustrie entgegen - EU-Agrarpolitik im Zeichen der Zuckerlobby. „Infozentrum der Zuckerverwender", Internet: www.izz-info.de/presse01.html#sieben (zuletzt am 26. November 2003)).

[81] Vgl. Europäische Kommission: Communication from... a.a.O.

76

5.4.1 Ausgestaltung und Annahmen

Marktpolitische Rahmenbedingungen

Abweichend von der Referenzsituation werden die A- und B-Quoten zu einer Quote zusammengefasst, um 16 v.h. gekürzt und über die nationalen Grenzen innerhalb des EU-Binnenmarktes handelbar[82]. Die neue Höchstquote beträgt 14,6 Mio. t Ww[83]. Gleichzeitig erfolgt eine Senkung des in einen sog. Referenzpreis umgewandelten Interventionspreises von 631,90 € auf 421,00 €/t Ww, in deren Folge sich - bei gleichzeitiger Aufhebung des Abgabesystems - der Rübenmindestpreis von 46,72 €/t auf 27,40 €/t Rüben reduziert. Die daraus resultierenden Einkommensverluste in der Landwirtschaft sollen zu ca. 60 v.H. durch entkoppelte Zahlungen kompensiert werden. Darüber hinaus besteht für die Produzenten die Option, ihre Produktionsquote für einen garantierten Preis von 250,- €/t Ww an die EU oder zu einem frei verhandelbaren Preis an ein anderes Zucker erzeugendes Unternehmen zu verkaufen. Ungeklärt ist bisher jedoch, ob die Landwirte oder Zuckerfabriken Eigentümer der Quote sind, bzw. wer den Verkaufserlös erhält[84]. Für die Berechnungen wird unterstellt, dass die Quote - entsprechend zur Vorgehensweise bei ihrer Einführung - den Zuckerfabriken gehört und ihnen somit auch der Verkaufserlös zusteht.

Annahmen zur Berechnung der Erzeugungskosten in der Landwirtschaft

Die Erzeugungskosten sinken in der Landwirtschaft infolge der Verlagerung der Erzeugung in die größeren Betriebe[85]. Durch den erheblich niedrigeren Zuckerrübenpreis werden in den kleinen Betrieben die Kosten nicht mehr gedeckt, so dass diese die Zuckerrübenproduktion aufgeben. Sie geben ihre Rübenlieferrechte an einen wettbewerbsfähigen Rübenproduzenten, wobei die Zuckerfabriken als Vermittler auftreten. Aufgrund der drastisch sinkenden Rentabilität des Zuckerrübenanbaus verliert auch die Quote erheblich an Wert. Die aufgebenden Betriebe erhalten jedoch - trotz der Einstellung der Zuckerrübenproduktion - die für die Preissenkung gewährten entkoppelten Direktzahlungen.

---

[82] Im Hinblick auf das Ergebnis des WTO-Panels ist die Kürzung der Höchstquote um 16 v.H. nicht weitreichend genug. Unter der Annahme, dass die in den Modellbetrachtungen unterstellten Import- und Verbrauchsmengen der Realität entsprechen, müsste die Quotenkürzung mindestens 23 v.H. betragen. Darüber hinaus wäre die C-Zuckerproduktion zu unterbinden (vgl. N.N.: Die EU-Zuckerexporte stehen vor dem Aus. „agrar-europe", Internet: www.agrar-europe.de/akt_meld/a_meld.htm (zuletzt am 12. August 2004). - World Trade Organization: European Communities – Export Subsidies on Sugar, complaint by Australia. „Report of the Panel", WT/DS265/R 15. Ocotober 2004, Internet: wto.org. (zuletzt am 15. Dezember 2004)).

[83] Die in der Gesamtquote von 14,6 Mio. t Ww enthaltene Produktionsquote für Isoglucose wird dahingegen von 500.000 auf 800.000 t angehoben.

[84] Prött, W.: EU-Zuckerwirtschaft selbst verantwortlich für den Umgang mit Rübenlieferrechten. „Zuckerrübe", Jg. 44, Nr. 3/1995, S. 122 ff.

[85] Die Produktionskosten je ha einer bestimmten Ackerfrucht sind im wesentlichen von der Betriebsgröße und nicht vom Umfang der Anbaufläche abhängig (vgl. Kap. 3.1.2).

Annahmen zur Berechnung der Erzeugungskosten in der Zuckerindustrie

Es wird unterstellt, dass nur diejenigen Fabriken in der Erzeugung verbleiben[86], deren Gewinn höher ist, als die mit 7 v.H. angesetzte Verzinsung des von der EU-Kommission gezahlten Quotenkaufpreises von 250 €/t Ww[87]. Zusätzlich besteht für die Fabriken die Möglichkeit, Zuckerquote zu diesem Preis zu erwerben, um ihre Kapazitätsauslastung zu verbessern. Davon machen die Unternehmen langfristig aber nur dann Gebrauch, wenn eine Verzinsung des eingesetzten Kapitals in Höhe von 7 v.H. sowie ein jährlicher „Sicherheitszuschlag" in Höhe von 10 v.H.[88] auf den Quotenpreis erwirtschaftet werden[89].

5.4.2 Ermittlung der Grenzkosten

Die Berechnung der Grenzkosten erfolgt analog zu Kapitel 5.2.2. Die einzelbetrieblichen Grenzkosten der Rübenerzeugung bleiben im Vergleich zur Referenzsituation annahmegemäß unverändert, da diese nicht maßgeblich von der Zuckerrübenanbaufläche sondern von der Betriebgröße abhängen. Demgegenüber sinken die Grenzkosten jedoch in der Zuckerrübenverarbeitung infolge der unterstellten Verbesserung der Kapazitätsauslastung. Zur Ermittlung der Gesamt-Grenzkosten der Zuckererzeugung werden die standortbezogenen Grenzkosten der Zuckerrübenproduktion und -verarbeitung addiert. Die Gesamt-Grenzkostenkurve wird durch die horizontale Aggregation der Produktionsmengen je Standort nach ansteigenden Gesamt-Grenzkosten gebildet (vgl. Schaubild 14).

Hinsichtlich der Gesamt-Grenzkosten der Zuckererzeugung unter den Rahmenbedingungen des Konzeptes I sind folgende Aussagen ableitbar:

1. Die Kosten zur Erzeugung des Quotenzuckers variieren in Deutschland zwischen ca. 315 €/t Ww und ca. 390 €/t Ww.

---

[86] Der in den Modellbetrachtungen ermittelte Strukturwandel dürfte jedoch tendenziell überschätzt sein, weil sich u.a. gezeigt hat, dass Schließungen von Zuckerfabriken aufgrund des Widerstands der Rübenerzeuger und z.T. auch der Politik immer schwieriger werden. Zudem werden Restrukturierungen dadurch erschwert, dass viele Fabriken auf die Fertigung von einzelnen Zuckerspezialitäten ausgerichtet sind (vgl. Martens, R.: Werk Schleswig – ein betriebswirtschaftliches Opfer? „Bauernblatt", Jg. 57/153, Nr. 15/2003, S. 5. - N.N.: „Ökonomisch und ökologisch unsinnig". „Bauernblatt", Jg. 58/154, Nr. 16/2004, S. 4. - Mündliche Auskunft: Herr Dr. H. Müller v. Blumencron, Pfeifer & Langen, Mechernich, am 1. August 2003).

[87] Grundlage für die Berechnung der Zinskosten bildet der Gesamtbetrag von 250 €/t Ww, da davon ausgegangen wird, dass die Unternehmen den erzielten Erlös aus dem Quotenverkauf aufgrund von „Wiederanlage-Strategien" nicht versteuern.

[88] Dem „Sicherheitszuschlag" von 10 v.H. liegt die Annahme zugrunde, dass die Quote steuerrechtlich zukünftig abschreibungsfähig sein wird. Diese Vorgehensweise erscheint aufgrund der derzeit nicht vorhandenen steuerrechtlichen Grundlage und im Hinblick auf die Unsicherheit bezüglich des zukünftigen Marktpreises gerechtfertigt (eine erste Überprüfung der Quotenmenge und der Höhe des Außenschutzes soll im Rahmen der für das Jahr 2008 vorgesehenen Kontrolle der Zuckermarktreform erfolgen).

[89] Es wird unterstellt, dass die Zuckerindustrie die gesamten Kosten des Quotenzukaufs trägt. Grundsätzlich könnte ein Teil der Kosten jedoch auch über einen Pachtzins ganz oder teilweise auf die Landwirtschaft überwälzt werden.

78

Schaubild 14 - **Gesamt-Grenzkostenkurve der deutschen Rübenzuckererzeugung im Konzept I (in €/t Ww)**

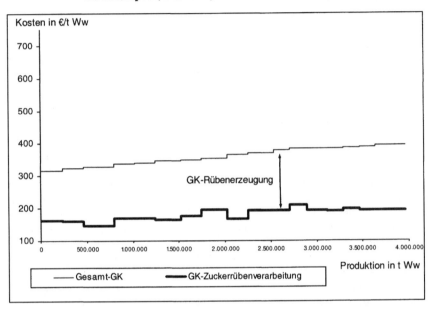

Quelle: Eigene Berechnungen.

2. Die Senkung der Gesamt-Grenzkosten gegenüber der Referenzsituation beruht zum einen auf der Verringerung der Erfassungskosten in der Zuckerrübenverarbeitung, da die Produktionsdichte aufgrund der Übertragbarkeit der Quoten in unmittelbarer Fabriknähe ansteigt, und zum anderen auf der verbesserten Kapazitätsauslastung in der Zuckerindustrie, die niedrigere Verarbeitungskosten bedingt.

3. Die Kapazitäten der verbleibenden Fabriken, deren jeweilige Verarbeitungsmengen zumeist deutlich mehr als 12.500 tato betragen, sind nahezu optimal ausgelastet. Allerdings ermöglichen Transportkostenvorteile und hohe Zuckerrübenqualitäten einigen kleineren, in geographisch vorteilhafter Lage befindlichen Betrieben ebenfalls die Fortsetzung der Produktion.

5.4.3 Nachfrage und Preisbildung

Es kommt aufgrund der äußerst geringen Preiselastizität der Nachfrage zu keiner maßnahmenbedingten Änderung des Zuckerverbrauchs. Die Zuckernachfrage wird daher auf dem derzeitigen Niveau von 2,9 Mio. t Ww als konstant unterstellt.

Die Höhe des Außenschutzes von 421 €/t Ww bestimmt aufgrund der unterstellten ausgeglichenen Marktsituation in der EU auch die Preisbildung auf dem Binnenmarkt[90]. Der Preis für die Zuckerrüben entspricht dem im Kommissionsvorschlag vorgegebenen Preisniveau in Höhe von 27,40 €/t Rüben bei Standardqualität. Auf diesen Preis werden annahmegemäß die gleichen Qualitätszuschläge gezahlt, wie in der derzeitigen Zuckermarktordnung.

5.4.4 Auswirkungen auf den deutschen Zuckermarkt

Schaubild 15 verdeutlicht die maßnahmenbedingten Auswirkungen des Konzeptes I auf den deutschen Zuckermarkt.

Schaubild 15 - Situation auf dem deutschen Zuckermarkt im Konzept I „Senkung der Quotenmenge und des Interventionspreises"

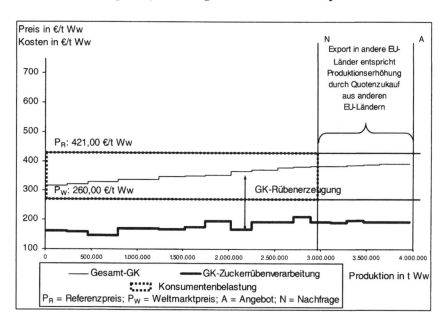

Quelle: Eigene Darstellung.

Auswirkungen auf die Erzeugung und Versorgung

• Die deutsche Produktionsquote wird von 3,4 Mio. t Ww auf 2,9 Mio. t Ww gekürzt. Aufgrund der hohen Leistungsfähigkeit der deutschen Produktionsstandorte wird die Möglichkeit des EU-weiten Quotenkaufs im Umfang von insgesamt 1,05 Mio. t Ww Quote genutzt. Die Gesamtzuckererzeugung bleibt dadurch mit ca. 4 Mio. t Ww nahezu unverändert (vgl. Übersicht 21).

---

[90] Vgl. Europäische Kommission: Der Weg... a.a.O., S. 29.

- Durch den Quotenzukauf erhöhen insbesondere die effizienten Fabriken ihre Kapazitätsauslastung im Quotenzuckerbereich. Darüber hinaus verlagert sich die Produktion auf die besten Standorte. Die Zuckerrübenanbaufläche bleibt - wie auch die Erzeugungsmenge - im Vergleich zur Referenzsituation ebenfalls nahezu unverändert. Der Anteil der Quoten-Rüben an der Gesamtproduktion steigt.

- Bei konstanter Nachfrage im Umfang von 2,9 Mio. t Ww ergibt sich somit ein Produktionsüberschuss in Deutschland in Höhe von 1,05 Mio. t Ww, der jedoch auf dem EU-Binnenmarkt abgesetzt werden kann. Der SVG bei Quotenzucker auf dem deutschen Markt steigt im Vergleich zur Referenzsituation von 114 v.H. auf ca. 135 v.H.

Auswirkungen auf die Produzenten

Maßnahmenbedingt erhöht sich die sektorale Produzentenrente um 109 Mio. € (vgl. Übersicht 21). Dieser Gewinn ergibt sich als Saldo aus Verlusten in Höhe von 9 Mio. € in der Landwirtschaft und Gewinnen im Umfang von 118 Mio. € in der Zuckerindustrie. Die Verluste in der Landwirtschaft resultieren aus preis- und quotensenkungsbedingten Erlösrückgängen. Diese hätten ohne die entkoppelten Ausgleichszahlungen sogar 233 Mio. € betragen. D.h., in der Landwirtschaft gleicht die Einkommensstützung durch Direktzahlungen die realisierten Verluste nicht vollständig aus. In der Zuckerindustrie hingegen führt Konzept I zu einem Gewinn, weil die Auslastung der vorhandenen Kapazitäten durch Quotenzukauf eine Kostensenkung bewirkt, die den Gewinnrückgang aus der Preis- und Quotenkürzung überkompensiert. Die Modellkalkulationen ergeben, dass von den ehemals 28 Fabriken unter den neuen Rahmenbedingungen strukturwandelbedingt nur noch 17 Fabriken unter deutlich verbesserten Produktionsbedingungen bestehen bleiben. Durch die Stilllegung der elf unrentablen Fabriken im Zuge des Strukturwandels verlieren ca. 2.500 Beschäftigte ihren Arbeitsplatz[91].

---

[91] Zur Berechnung der reformbedingten Auswirkungen auf die Zahl der im Zuckersektor Beschäftigten ist zwischen den Arbeitnehmern in der Landwirtschaft und der Zuckerindustrie sowie den Beschäftigten in den vor- bzw. nachgelagerten Bereichen zu unterscheiden:

In der *Landwirtschaft* stellt die Zuckerrübenproduktion nur ein Zweig der Betriebsorganisation dar, so dass ein Teil der durch den Strukturwandel freigesetzten Arbeitskräfte in anderen Betriebszweigen und ein anderer Teil außerlandwirtschaftliche Beschäftigung findet. Arbeitslosigkeit in der Landwirtschaft spielt im Allgemeinen ohnehin nur eine untergeordnete Rolle, weil die hoch qualifizierten und selbständigen Arbeitskräfte gut vermittelbar sind (vgl. Anwander Phan-huy, S.: Auswirkungen der Liberalisierung im Agrar- und Ernährungssektor auf die Beschäftigung. Wissenschaftsverlag Vauck, Kiel 1999, S. 10). Die guten alternativen Beschäftigungsmöglichkeiten der Landwirte hängen im Wesentlichen mit ihrem eigenen Selbstverständnis zusammen, das durch eine hohe Motivation, Selbständigkeit, Belastbarkeit etc. geprägt ist (vgl. Knöbl, I. et al.: Landwirtschaft zwischen Tradition und Moderne. Forschungsbericht der Bundesanstalt für Bergbauernfragen Nr. 42, Wien 1999, S. 190 ff.).

In der *Zuckerindustrie* ist die Zahl der durch den Strukturwandel freigesetzten Arbeitskräfte über die Arbeitsplatzstatistiken der stillgelegten Fabriken bekannt.

Für die Beschäftigten in den der Zuckerwirtschaft *vor- und nachgelagerten Bereichen* (z.B. Handwerk, Logistik und Handel) kann unterstellt werden, dass die Arbeitskräfte aufgrund ihrer hohen Qualifikation in anderen Sektoren Beschäftigung finden.

Die Ermittlung der einzelbetrieblichen Gewinne in der Landwirtschaft und Zuckerindustrie erfolgt entsprechend der Vorgehensweise in Kapitel 5.3. Die reformbedingten Gewinne sind in Schaubild 16 im Vergleich zur Referenzsituation dargestellt. Die Ergebnisse der Modellrechnungen lassen sich, differenziert nach Landwirtschaft und Zuckerindustrie, wie folgt zusammenfassen:

Schaubild 16 - Auswirkungen auf die Gewinnsituation der Zuckerrüben anbauenden und verarbeitenden Modellbetriebe im Konzept I

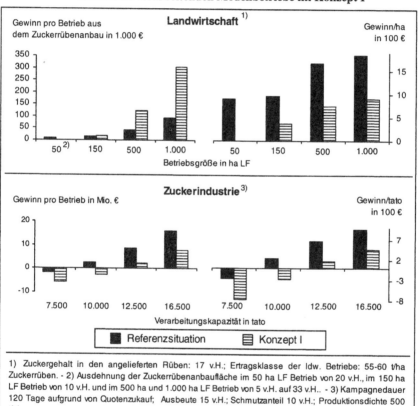

Quelle: Eigene Berechnungen.

Landwirtschaft

- Der Gewinn je ha in der deutschen Rübenerzeugung sinkt in allen Betriebsgrößenklassen deutlich. Abgesehen vom 50 ha LF Betrieb bleiben jedoch alle Modellbetriebe in der Gewinnzone, wobei der Gewinn je ha im 150 ha LF Betrieb von ca. 980 auf ca. 370 €/ha bzw. im 1.000 ha LF Betrieb von ca. 1.850 € auf ca. 910 €/ha sinkt.

- In den weiterhin rentablen Betriebsgrößen steigen mit zunehmender Betriebsgröße auch die Gewinnzuwächse. Der Zuwachs ist mit einem Anstieg von ca. 92.000 auf ca. 304.000 € im 1.000 ha LF Betrieb am größten. Dies resultiert aus der vergleichsweise starken Anbauausdehnung bei dem höchsten Gewinn je ha.

Zuckerindustrie

- In der Zuckerindustrie führt die Preissenkung zu einer deutlichen maßnahmenbedingten Verringerung des Gewinn je tato. Die Fabriken mit Verarbeitungskapazitäten von 7.500 tato und 10.000 tato erzielen unter diesen Marktbedingungen keine Gewinne mehr und stellen daher die Produktion ein. In der 10.000 tato Fabrik geht der Gewinn je tato von ca. 700 € auf ca. 200 € bzw. in der 16.500 tato Fabrik von ca. 950 € auf ca. 450 € je tato zurück.

- In den Fabriken mit mehr als 12.500 tato kompensiert der durch die neuen marktpolitischen Rahmenbedingungen ausgelöste Strukturwandel - trotz deutlicher Erhöhung der Kapazitätsauslastung - die maßnahmenbedingten Verluste zumindest zum Teil, so dass die Produktion aufrecht erhalten wird. Kosten erhöhend wirken die hohen Kosten für die zugekaufte Quote.

- Die aus der Durchführung des Konzeptes I resultierenden Gewinne liegen bei der 12.500 tato Fabrik um 73 v.H., bei der 16.500 tato Fabrik um 48 v.H. unter denen in der Referenzsituation.

Auswirkungen auf die Konsumentenrente

Die Belastung der Konsumenten sinkt gegenüber der Referenzsituation aufgrund der Reduzierung des Zuckerpreises um 612 Mio. €.

Auswirkungen auf die Staatsausgaben

Die Staatsausgaben belaufen sich in diesem Konzept auf ca. 289 Mio. €. Von diesem Betrag entfallen ca. 224 Mio. € auf die EU, die der Landwirtschaft entkoppelte Direktzahlungen als teilweisen Ausgleich für die preissenkungsbedingten Einkommensverluste gewährt. Die verbleibenden 65 Mio. € sind von der Bundesrepublik Deutschland im Bereich der sozialen Sicherung für die 2.500 durch den Strukturwandel aus der Erzeugung ausscheidenden Arbeitskräfte zu leisten[92]. Die effektive Belastung des deutschen Staatshaushaltes wird jedoch durch diese Darstellung der Ausgabenstruktur verschleiert: Im EU-Etat werden zur Finanzierung des Einkommensausgleichs im Zuckersektor 1.340 Mio. € angesetzt. Bei dem derzeitigen deutschen Finanzierungsanteil am EU-Haushalt von ca. 22 v.H. stehen den Einzahlungen von ca. 296 Mio. € die o.a. EU-Zuweisungen von ca. 224 Mio. € gegenüber.

---

[92] Zur Ermittlung der Kosten der sozialen Scherung wurden 80 v.H. des durchschnittlichen Jahresbruttoverdienstes von 32.500 € zugrunde gelegt. Es wurde nicht der übliche Satz von 60 v.H. gewählt, weil der Staat neben dem Arbeitslosengeld zusätzlich noch die Kosten für die Renten-, Kranken- und Sozialversicherungen trägt.

Volkswirtschaftliche Kosten-Nutzen-Differenz

Aus dem Saldo der maßnahmenbedingten Änderungen der Konsumenten- und Produzentenrente sowie der Belastung des Staatshaushaltes resultiert als Kosten-Nutzen-Differenz ein gesamtwirtschaftlicher Wohlfahrtsgewinn in Höhe von 432 Mio. € p.a. (vgl. Übersicht 21).Konzept II - „Aufhebung der Binnenmarktregelung bei Aufrechterhaltung des Außenschutzes"

5.4.5 Ausgestaltung und Annahmen

Marktpolitische Rahmenbedingungen

Im Konzept II entfallen sämtliche Regelungen der Binnenmarktordnung, wie u.a. die Quoten- und Abgabenregelung sowie das Interventionspreissystem. Die Produktionsentscheidungen der Erzeuger unterliegen somit keiner Einschränkung durch marktordnungspolitische Eingriffe[93]. Damit entsprechen die Bedingungen auf dem Binnenmarkt denen eines vollkommen liberalisierten Marktes[94]. Allerdings ermöglicht Konzept II durch die Aufrechterhaltung des Schwellenpreises - zwar auf einem stark reduziertem Niveau von 450 €/t Ww[95] - einen im Vergleich zum Weltmarktpreis deutlich höheren Binnenmarktpreis[96, 97]. Daraus leitet sich für die Modellkalkulationen ein Rübenpreis von 25 €/t ab, der in der Praxis jedoch zwischen Fabrik und Landwirt frei aushandelbar ist.

Annahmen zur Berechnung der Erzeugungskosten in der Landwirtschaft

Der Rübenanbau erfolgt im Konzept II, im Gegensatz zur Referenzsituation, ausschließlich im engeren Einzugsradius der Zuckerfabriken, um die Möglichkeiten zur Minimierung der Transportkosten durch den maßgeblichen Bestimmungsfaktor Produktionsdichte zu nutzen. Aus diesem Grund wird das Produktionspotenzial der Zu-

---

[93] Bickert, C.: Preise runter, Quoten weg? „DLG Mitteilungen", Nr. 10/2003, S. 61.

[94] D.h., auf dem geschützten Binnenmarkt herrscht vollkommener Wettbewerb, bei dem einzig die fehlende Planungssicherheit die Investitionen in neue Anlagen und somit eine Produktionsausdehnung über die derzeitigen Kapazitäten hinaus begrenzt.

[95] Konzept II orientiert sich im Wesentlichen am Vorschlag „Preissenkung" der EU-Kommission, der in der Endstufe der Umsetzung ein entsprechendes Preisniveau vorsieht (vgl. Europäische Kommission: Der Weg... a.a.O., S. 23).

[96] Diese Aussage gilt nur in der unterstellten ausgeglichenen Marktsituation (vgl. Kap. 5.4.7).

[97] Die Aufhebung des Quotensystems macht es erforderlich, neben der Rüben-Zuckererzeugung auch die Zuckererzeugung auf der Grundlage von stärkehaltigen Erzeugnissen zu betrachten. Berechnungen bezüglich der Grenzkosten der Erzeugung von Isoglukose in kristalliner Form aus Mais oder Weizen ergeben jedoch, dass für eine rentable Produktion im Preisniveau von ca. 485 €/t Ww vorliegen muss (vgl. Schröder, J.: a.a.O., S. 104). Kohnke (mündliche Auskunft: Herr Dr. J. Kohnke, Geschäftsführer Pfeifer & Langen, Köln, am 30. September 2004) beziffert die Produktionskosten für Flüssigzucker mit 420-440 €/t etwas niedriger, weist jedoch darauf hin, dass bereits ein leichter Anstieg der Rohstoffkosten die Produktion unrentabel macht. Zudem ist zu beachten, dass nur etwa die Hälfte der Zuckernachfrage mit Flüssigzucker gedeckt werden kann, wie die Marktsituation z.B. in den USA zeigt. Die EU-Kommission geht in ihrer Marktanalyse sogar davon aus, dass die Isoglukoseproduktion bei einem Preisniveau unterhalb von 450 € unrentabel ist (vgl. Europäische Kommission: Der Weg... a.a.O., S. 27).

ckerrüben mit einem Fruchtfolgeanteil von 33 v.H. an der AF auf jedem Produktionsstandort voll ausgeschöpft. Bezüglich des Strukturwandels ist unterstellt, dass nur die Betriebe weiterhin Zuckerrüben anbauen, die bei einer Vollkostenbetrachtung Gewinne erwirtschaften.

Annahmen zur Berechnung der Erzeugungskosten in der Zuckerwirtschaft

Die Aufhebung der Marktordnungsregelungen, insbesondere der Quotenregelung, ermöglicht es, die Kosten der Zuckerrübenverarbeitung auf allen deutschen Produktionsstandorten deutlich zu senken. Voraussetzungen hierfür sind:

- Eine hohe Kapazitätsauslastung, die im Wesentlichen durch eine lange Kampagnedauer von ca. 120 Tagen bestimmt ist (vgl. Kap. 3.2.2).

- Niedrige Erfassungskosten, die in erster Linie durch eine hohe Produktionsdichte des Zuckerrübenanbaus in unmittelbarer Fabriknähe erreicht werden (vgl. Kap. 3.2.4).

5.4.6 Ermittlung der Grenzkosten

Zur Ermittlung der Gesamt-Grenzkosten im Konzept II wird analog zur Vorgehensweise in Kapitel 5.2.2 verfahren. Die Gesamt-Grenzkosten gehen maßnahmenbedingt im Vergleich zur Referenzsituation zurück, weil

- der Zuckerrübenanbau in die größeren Betriebe und auf die günstigen Standorte verlagert wird, in denen die Grenzkosten bereits vor der Durchführung der Maßnahme deutlich niedriger liegen.

- die verbleibenden Zuckerfabriken eine deutlich höhere Kapazitätsauslastung erreichen und darüber hinaus die größere Produktionsdichte eine starke Senkung der Erfassungskosten ermöglicht.

Die Gesamt-Grenzkosten der Zuckererzeugung (vgl. Schaubild 17) werden durch die Addition der Grenzkosten der Zuckerrübenerzeugung und -verarbeitung und die anschließende horizontale Aggregation nach ansteigenden Grenzkosten bestimmt. Im Vergleich zur Referenzsituation lassen sich nachstehende Aussagen über maßnahmenbedingte Veränderungen der Gesamt-Grenzkosten im Rahmen des Reformkonzeptes II ableiten:

- Die Gesamt-Grenzkosten sinken infolge des durch die Liberalisierung des Binnenmarktes ausgelösten Strukturwandels im Vergleich zur Referenzsituation von 420 - 630 €/t Ww auf Werte zwischen 310 - 449 €/t Ww. Dies entspricht einer Reduktion um ca. 25 v.H.

- Die Kostensenkungen resultieren jeweils in etwa zur Hälfte aus Effizienzverbesserungen im Zuckerrübenanbau und in der Zuckerrübenverarbeitung.

Schaubild 17 - Gesamt-Grenzkostenkurve der deutschen Rübenzuckererzeugung im Konzept II (in €/t Ww)

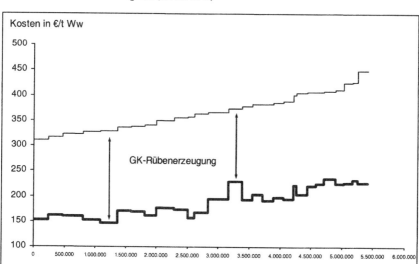

Quelle: Eigene Berechnungen.

5.4.7 Nachfrage und Preisbildung

Die Nachfrage nach Zucker in Deutschland beträgt annahmegemäß auch weiterhin 2,9 Mio. t Ww. Dagegen ändert sich der Marktpreis für europäischen und somit auch deutschen Zucker erheblich. Im Konzept II führen die Abschaffung des Interventionspreissystems und die Senkung des Außenschutzes zur Ausrichtung des Marktpreises am neuen Mindesteinfuhrpreis von 450 €/t Ww. Im Folgenden wird davon ausgegangen, dass die Erzeuger diesen Preis[98] auch tatsächlich realisieren, da der Zuckermarkt in der EU-25 durch eine ausgeglichene Versorgungssituation gekennzeichnet sein wird[99].

5.4.8 Auswirkungen auf den deutschen Zuckermarkt

Auswirkungen auf die Erzeugung und Versorgung

In Schaubild 18 ist die Versorgungssituation auf dem deutschen Zuckermarkt dargestellt.

---

[98] In hafenfernen Zuschussregionen dürfte der Marktpreis um die Transportkosten höher liegen, als in der nächsten Überschussregion.

[99] Die EU-Kommission geht in ihren Modelluntersuchungen von ähnlichen Bedingungen aus (vgl. Europäische Kommission: Der Weg... a.a.O., S. 29).

Schaubild 18 - Situation auf dem deutschen Zuckermarkt im Konzept II „Aufhebung der Binnenmarktregelung bei Aufrechterhaltung des Außenschutzes"

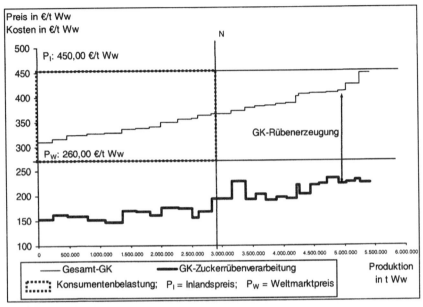

Quelle: Eigene Berechnungen.

Folgende Aussagen sind hervorzuheben:

- Nach Beendigung der maßnahmenbedingten Restrukturierungen ist die Zuckererzeugung in Deutschland auch bei einem Marktpreis von 450 €/t Ww wirtschaftlich und es werden insgesamt ca. 5,4 Mio. t Ww produziert. Die Erzeugung liegt damit um 60 v.H. über der Höchstquote in der Referenzsituation und um 44 v.H. über der bisherigen Gesamtproduktion von ca. 4 Mio. t. Die Ursache für diese Angebotsausdehnung liegt in der Abschaffung der Quotenregelung, die zur weitestgehenden Ausnutzung des vorhandenen Produktionspotentials in der Zuckerindustrie führt.

- Bei unveränderter Nachfrage beträgt der SVG in Deutschland 186 v.H. und liegt damit um 72 Prozentpunkte höher als in der Referenzsituation. Die deutsche Überschussmenge von ca. 2,5 Mio. t Ww kann jedoch auf dem EU-Binnenmarkt abgesetzt werden, weil der Zuckerrübenanbau in weniger wettbewerbsfähigen EU-Regionen eingestellt und der überschüssige deutsche Zucker - wie auch der anderer, die Erzeugung ausdehnender EU-Länder - in diesen Regionen abgesetzt wird[100]. Die Versorgungssituation der EU mit Zucker bleibt trotzdem ausgeglichen. Der deutsche Anteil

---

[100] Vgl. Kapitel 5.4.7.

an der von der Kommission auf ca. 14 Mio. t Ww geschätzten Gesamtproduktion in der EU steigt gegenüber der Referenzsituation von 25 v.H. auf ca. 38 v.H.

Auswirkungen auf die Produzentenrente

Für die Zuckerwirtschaft insgesamt führen die veränderten marktpolitischen Rahmenbedingungen zu einem Gewinn an Produzentenrente in Höhe von ca. 102 Mio. € (vgl. Übersicht 21). Diese Zunahme resultiert aus der Saldierung der Gewinne in der Zuckerindustrie in Höhe von 360 Mio. € und den Verlusten in der Landwirtschaft von 258 Mio. €. Gesamtwirtschaftlich werden demnach die durch die Preissenkung im Konzept II bedingten Verluste in der Zuckerrübenerzeugung durch die Kosteneinsparungen in der Zuckerrübenverarbeitung überkompensiert. Dieses Ergebnis verdeutlicht, dass - gegenüber der Referenzsituation - unter den angenommenen Preiskonstellationen die Rübenverarbeiter aufgrund auslastungsbedingter Kostensenkungen erhebliche Gewinnsteigerungen erzielen. Die Zuckerrübenanbauer realisieren dagegen hohe Verluste, weil der Preissenkung keine entsprechende Kostendegression gegenübersteht. Ein Ausgleich wäre jedoch theoretisch über den frei verhandelbaren Rübenpreis möglich. Neben diesen in der Landwirtschaft und Zuckerindustrie deutlich differenzierten Auswirkungen bestehen weiterhin auch auf einzelbetrieblicher Ebene große Unterschiede hinsichtlich der Maßnahmenwirkungen. So profitieren in der Zuckerindustrie alle Fabriken von den Maßnahmen, in der Landwirtschaft dagegen nur die größeren Betriebe und von denen insbesondere diejenigen, die in der Referenzsituation einen relativ geringen Zuckerrübenanteil in der Fruchtfolge hatten. Die im Rahmen des Strukturwandels in der Zuckerrübenproduktion freigesetzten Arbeitskräfte finden in anderen Sektoren der Volkswirtschaft eine Beschäftigung (vgl. Fußnote 91).

Schaubild 19 stellt die Gewinnsituation in den Modellbetrieben der deutschen Rübenerzeugung und -verarbeitung im Konzept II im Vergleich zur Referenzsituation dar.

Landwirtschaft

Der Gewinn je ha bzw. je Betrieb in der Zuckerrübenerzeugung stellt sich wie folgt dar:

- Trotz des Wegfalls der Produktionsabgaben wird infolge der Preissenkung nur in den Modellbetrieben mit 150, 500 und 1.000 ha LF weiterhin ein Gewinn je ha Zuckerrübenanbau erzielt. Der Gewinn je ha sinkt im 500 ha LF Betrieb von ca. 1.700 € auf ca. 450 € und im 1.000 ha LF Betrieb von ca. 1.850 € auf ca. 600 €. Der 50 ha LF Modellbetrieb erwirtschaftet dagegen auf Basis der Vollkostenkalkulationen einen Verlust und stellt daher den Zuckerrübenanbau ein.

- In den Betrieben mit 500 und 1.000 ha LF steigt der Betriebsgewinn um 87 bzw. 131 v.H.. Dies liegt darin begründet, dass bei den gegebenen Kostenstrukturen die Gewinnzuwächse aus der Anbauausdehnung die Gewinnverluste aus der Preissenkung überkompensieren. Demgegenüber kann der 150 ha LF Betrieb die Verluste aus der Preissenkung durch die Anbauflächenausdehnung nicht ausgleichen und muss daher Gewinneinbussen hinnehmen.

**Schaubild 19 - Auswirkungen auf die Gewinnsituation der Zuckerrüben anbau-
enden sowie verarbeitenden Modellbetriebe im Konzept II**

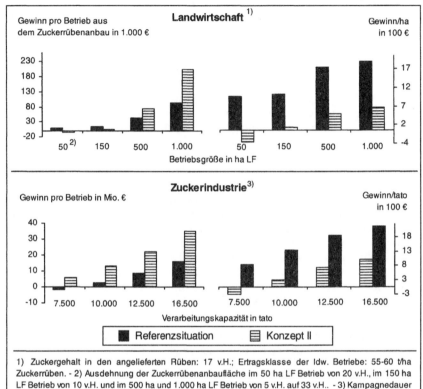

1) Zuckergehalt in den angelieferten Rüben: 17 v.H.; Ertragsklasse der ldw. Betriebe: 55-60 t/ha
Zuckerrüben. - 2) Ausdehnung der Zuckerrübenanbaufläche im 50 ha LF Betrieb von 20 v.H., im 150 ha
LF Betrieb von 10 v.H. und im 500 ha und 1.000 ha LF Betrieb von 5 v.H. auf 33 v.H.. - 3) Kampagnedauer
120 Tage; Ausbeute 15 v.H.; Schmutzanteil 10 v.H.; Produktionsdichte 1.500 t/qkm.

Quelle: Eigene Berechnungen.

- Das unterschiedliche Ausmaß der Gewinnänderungen hängt von der Modellbetriebsgröße und dem Zuckerrübenanteil in der Referenzsituation ab. Grundsätzlich sind
Gewinne durch Kostensenkungen infolge von Betriebsgrößenwachstum und/ oder eine Ausdehnung der Anbaufläche erzielbar. Letztere Möglichkeit hängt dabei maßgeblich vom Fruchtfolgeanteil in der Referenzsituation ab und dürfte nur von den Betrieben genutzt werden, die bereits eine profitable Betriebsgröße erreicht haben.

Zuckerindustrie

Hinsichtlich der Auswirkungen auf die Zuckerrübenverarbeitung sind aus Schaubild
19 nachstehende Aspekte hervorzuheben:

- Die Zuckerindustrie verzeichnet im Vergleich zur Referenzsituation in jeder Fabrik-
größenklasse infolge der höheren Kapazitätsauslastung einen deutlichen Gewinnan-

stieg je tato. Daher verbleiben alle in der Referenzsituation Zucker erzeugenden Fabriken auch nach Einführung des Konzeptes II in der Produktion. Die 7.500 tato Fabrik kann ihren Gewinn je tato auf ca. 800 € und die 16.500 tato Fabrik auf ca. 2.200 € steigern.

- Die Fabrik mit einer Verarbeitungskapazität von 7.500 tato, die in der Referenzsituation unter Vollkostenbedingungen Verluste erwirtschaftete, erzielt nach Durchführung des Konzeptes II nun einen Unternehmensgewinn. Dieser beträgt ca. 6 Mio. €. Die Fabriken in den anderen Größenklassen können ihre Gewinne um 11 bis 21 Mio. € bzw. um 220 bis 500 v.H. steigern.

- Die durch die Quotenaufhebung und regionale Handelbarkeit der Kontingente bedingte Senkung der Grenzkosten in den Fabriken nimmt mit steigender Verarbeitungskapazität ab. Die Ursache hierfür liegt in dem abnehmenden Fixkostenanteil je Produktionseinheit, so dass die Kostendegressionseffekte mit zunehmender Erzeugungsmenge geringer ausfallen.

Auswirkungen auf die Konsumentenrente

Die Konsumentenrente steigt um ca. 528 Mio. €, da die Verbraucher von der maßnahmenbedingten Senkung des Marktpreises profitieren. Bei einer Differenz von 190 €/t Ww zwischen dem Marktpreis von 450 €/t Ww und dem unterstellten Weltmarktpreis von 260 €/t Ww wird die EU-Zuckererzeugung jedoch weiterhin gegenüber dem Weltmarktangebot gestützt.

Auswirkungen auf die Staatsausgaben

Aus Konzept II resultieren keine Änderungen der Staatsausgaben[101]. Kosten für die soziale Sicherung fallen durch die Einstellung der Zuckerrübenproduktion in den kleineren Betrieben nicht an, da von einer alternativen Beschäftigung der aus der Produktion ausscheidenden landwirtschaftlichen Arbeitskräfte in anderen Sektoren der Volkswirtschaft ausgegangen wird.

Volkswirtschaftliche Kosten-Nutzen-Differenz

Die volkswirtschaftliche Kosten-Nutzen-Differenz weist, nach Umsetzung der Maßnahmen und Ablauf aller Anpassungsreaktionen, einen jährlichen Gewinn von ca. 630 Mio. € aus (vgl. Übersicht 21).

---

[101] In den Modellkalkulationen wird von einer ausgeglichenen Marktlage auf dem EU-Zuckermarkt ausgegangen. Bereits eine marginale Unterversorgung in der EU würde zu Zolleinnahmen führen. Demgegenüber hätte eine Verringerung der Einfuhrmenge an Präferenz-Zucker keinen Einfluss auf die Staatsausgaben, da das für Präferenz-Zuckerimporte zur Verfügung stehende Budget in diesem Fall zur Stützung der betroffenen Exportländer aufrechterhalten wird und damit die Staatsausgaben annahmegemäß konstant bleiben.

5.5 Konzept III – „Vollkommene Liberalisierung"

5.5.1 Ausgestaltung und Annahmen sowie Ermittlung der Grenzkosten

Ausgestaltung und Annahmen des Konzeptes III sind - bis auf die zusätzlich eingeführte Abschaffung des Außenschutzes - identisch mit Konzept II. Zur Ermittlung der Grenzkosten wird daher auf die Vorgehensweise bei Konzept II verwiesen (vgl. Kap. 5.4.5 und 5.4.6)[102].

5.5.2 Nachfrage und Preisbildung

Nach der vollkommenen Liberalisierung des EU-Zuckermarktes entspricht der Marktpreis in Deutschland dem Weltmarktpreisniveau in Höhe von 260 €/t Ww. Daraus leitet sich ein Zuckerrübenpreis von ca. 25 €/t ab[103, 104]. Die Nachfrage nach Zucker bleibt - wie auch in den anderen Konzepten - mit einem Umfang von 2,9 Mio. t unverändert.

5.5.3 Auswirkungen auf den deutschen Zuckermarkt

Auswirkungen auf die Erzeugung und Versorgung

Schaubild 20 weist die Versorgungssituation auf dem deutschen Zuckermarkt unter den Rahmenbedingungen des Konzeptes III aus. Bei dem unterstellten langfristigen Preisniveau von 260 €/t Ww ist eine rentable Zuckererzeugung nicht mehr möglich, so dass die Produktion in Deutschland eingestellt wird. Bei unveränderter Nachfrage ergibt sich demzufolge ein Importbedarf in Höhe der gesamten Nachfragemenge von 2,9 Mio. t Ww.

Auswirkungen auf die Produzentenrente

In der deutschen Zuckererzeugung wird bei einem Preisniveau von 260 €/t Ww ein Verlust an Produzentenrente in Höhe von 363 Mio. € realisiert (vgl. Übersicht 21), da die Preisschwelle für eine rentable Erzeugung bei ca. 310 €/t liegt. Von diesem Verlust entfallen 76 Mio. € auf die Zuckerindustrie und 287 Mio. € auf die Landwirtschaft. Die einzelbetrieblichen Verluste entsprechen dabei sowohl in der Landwirtschaft als auch in der Zuckerindustrie den infolge der Einstellung der Erzeugung nicht mehr realisierten Gewinnen der Referenzsituation (vgl. Schaubild 13). Zusätzlich zu den entgangenen Gewinnen müssen die Unternehmer noch Kapitalverluste tragen, die ihnen durch die Stilllegung nicht abgeschriebener Produktionsanlagen entstehen. Mit der maßnahmenbedingten Einstellung der Produktion in Deutschland entfallen ca. 6.700 Arbeitsplätze in der Zuckerindustrie.

---

[102] Auch bei diesem Konzept wird die Zuckerproduktion aus stärkehaltigen Erzeugnissen nicht berücksichtigt, da eine rentable Erzeugung zu dem unterstellten Marktpreisniveau bei den derzeitigen europäischen Rohstoffkosten nicht möglich erscheint (vgl. Fußnote 97).

[103] In den Berechnungen ist unterstellt, dass auch im Konzept III die in der derzeitigen EU-Zuckermarktordnung festgeschriebenen Qualitätsprämien auf den Rübenpreis von 25 €/t Ww aufgeschlagen werden.

[104] Vgl. Europäische Kommission: Der Weg... a.a.O., S. 29.

Schaubild 20 - Situation auf dem deutschen Zuckermarkt im Konzept III „Vollkommene Liberalisierung"

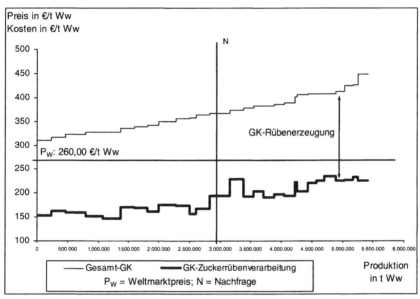

Quelle: Eigene Berechnungen.

Der Landwirtschaft drohen zusätzlich zu den o.a. direkten Verlusten indirekte Verluste auf dem Getreidemarkt aufgrund von Rückkopplungseffekten zuckermarktpolitischer Maßnahmen. Bezogen auf Deutschland, könnte eine Anbauausdehnung bei Getreide infolge der Einstellung der Zuckerrübenerzeugung zu einer Mehrproduktion von ca. 2,9 Mio. t führen[105]. Auf der Grundlage einer durchschnittlichen Getreideerzeugung in Deutschland von ca. 45 Mio. t im Zeitraum von 2001 - 2003 entspricht dies jedoch lediglich einer Angebotsausdehnung um ca. 6 v.H.. Die Marktwirkungen sind daher als gering einzuschätzen, zumal die Flächenstilllegung als flexibles Instrument zur Mengensteuerung bestehen bleibt. Für die EU dürften diese Effekte sogar noch moderater sein, weil der Anteil der Rübenanbaufläche an der Getreidefläche mit 5 v.H. gegenüber 6,5 v.H. in Deutschland (Durchschnitt des Betrachtungszeitraums 2001 - 2003) deutlich niedriger ist[106].

---

[105] Im Hinblick auf die Mehrproduktion an Getreide ist jedoch zu berücksichtigen, dass dort, wo die Zuckerrübe in der Fruchtfolge durch Getreide ersetzt wird, auch deren Vorfruchtwirkung in Höhe von ca. 4 dt Weizen pro ha entfällt (vgl. Kap. 3.1.3). Dadurch verringert sich der Anstieg der Getreideproduktion um ca. 0,2 Mio. t.

[106] Eurostat: Pflanzliche Erzeugnisse (außer Obst und Gemüse) (jährliche Daten). Internet: http://epp.eurostat.cec.eu.int/portal/page?_pageid=1090,1137397&_dad=portal&_schema=PORTAL (zuletzt am 15. November 2004).

92

Auswirkungen auf die Konsumentenrente

Die Verbraucher erzielen im Vergleich zur Referenzsituation einen maßnahmenbedingten Gewinn an Konsumentenrente in Höhe von 1.079 Mio. €. Dieser Gewinnzu-
wachs resultiert aus der Senkung des EU-Marktpreises auf das Niveau des Weltmarktpreises. Im Gegensatz zu den beiden anderen Konzepten erhält die europäische Zuckerwirtschaft im Konzept III keine finanzielle Unterstützung durch die Konsumenten.
Bei einem Weltmarktpreisniveau über 260 €/t Ww, wie in den Berechnungen unterstellt, liegt der Gewinn an Konsumentenrente entsprechend niedriger. Durch den aus-
schließlichen Bezug auf die Preisbildung bleiben wichtige Aspekte wie Versorgungssicherheit und Preisstabilität durch Angebotsverknappung auf dem Weltmarkt unberücksichtigt, so dass der Gewinn an Konsumentenrente tendenziell überschätzt sein
dürfte.

Auswirkungen auf die Staatsausgaben

Im Vergleich zur Referenzsituation resultieren aus der Umsetzung von Konzept III zusätzliche Staatsausgaben in Höhe von ca. 174 Mio. €. Diese Mittel werden ausschließlich zur Finanzierung der sozialen Sicherung der ihren Arbeitsplatz verlierenden Beschäftigten in der Zuckerindustrie verwendet und damit direkt vom deutschen Staat
aufgewandt. Hinsichtlich der öffentlichen Aufwendungen im Rahmen der Präferenz-
Zuckerimporte, die infolge der Marktliberalisierung entfallen, wird unterstellt, dass das
derzeitige Finanzvolumen zur Förderung der Exportländer nicht geändert wird.

Volkswirtschaftliche Kosten-Nutzen-Differenz

Der Saldo der sich aus Konzept III ergebenden Änderungen der Produzenten- und
Konsumentenrente sowie des Staatshaushaltes beträgt 542 Mio. € (vgl. Übersicht 21).
Konzept III führt demzufolge, wie die beiden anderen Konzepte, zu einem deutlichen
gesamtwirtschaftlichen Gewinn gegenüber der Referenzsituation. Allerdings ist zu
berücksichtigen, dass die Berücksichtigung der bereits angesprochenen Aspekte - wie
die fehlende Versorgungssicherheit, Rückwirkungen zuckermarktpolitischer Maßnahmen auf den Getreidemarkt, Kapitalverluste usw. - eine Verschlechterung der ausgewiesenen Kosten-Nutzen-Differenz zur Folge hätten[107].

6 Vergleichende Beurteilung der untersuchten Reformkonzepte

In der vergleichenden Beurteilung werden die Auswirkungen der in Kapitel 5 analysierten Reformkonzepte für die EU-Zuckermarktordnung auf den deutschen Zuckermarkt sowohl gegenüber der Referenzsituation als auch im Vergleich untereinander

---

[107] Unter der Annahme des von der EU-Kommission prognostizierten Weltmarktpreisniveaus von 350
€/t Ww, würde sich die Kosten-Nutzen-Differenz für Konzept III auf ca. 470 Mio. € reduzieren.
Dies liegt darin begründet, dass zwar die Verluste an Produzentenrente wegen der noch verbleibenden Produktion auf 223 Mio. € und die Staatsausgaben für die soziale Sicherung aufgrund einer geringeren Anzahl betroffener Beschäftigter, auf 125 Mio. € sinken, während die Konsumentenrente
infolge des höheren Marktpreisniveaus nur um 818 Mio. € steigt. Unter diesen Bedingungen würde
die Produktion in Deutschland bei ca. 2,0 Mio. t Ww liegen, die Nachfrage unverändert 2,9 Mio. t
Ww betragen. Der SVG läge bei ca. 69 v.H.

bewertet. Ziel ist es, unter Berücksichtigung der ermittelten Kosten-Nutzenelemente (vgl. Übersicht 21) eine Rangfolge der Vorzüglichkeit der analysierten Reformkonzepte zu bestimmen und daraus Schlussfolgerungen abzuleiten. Es sei noch einmal darauf hingewiesen, dass lediglich von der EU-Kommission vorgeschlagene Reformkonzepte beurteilt werden, ohne diese mit Hilfe variabler Rahmenbedingungen zu optimieren.

6.1 Beurteilung der Auswirkungen auf Erzeugung und Versorgung

Zwischen den drei analysierten Reformkonzepten bestehen hinsichtlich des Umfangs der deutschen Zuckerproduktion erhebliche Unterschiede. Die maßnahmenbedingten Änderungen reichen von einer vollständigen Einstellung (Konzept III) bis zu einer beträchtlichen Ausweitung der Erzeugung (Konzept II). D.h., der SVG variiert zwischen 0 v.H. und 186 v.H.. Es ist jedoch zu berücksichtigen, dass es sich bei den Reformkonzepten um Maßnahmen auf EU-Ebene handelt. Bei ihrer Ausgestaltung stehen markt- und preispolitische Zielsetzungen der EU-Agrarpolitik im Vordergrund. Die spezifischen Erfordernisse des deutschen Marktes sind daher nicht maßgebend.

Aus dem Vergleich der Konzepte lassen sich im Hinblick auf die Marktwirkungen nachstehende Aspekte hervorheben:

- Mit der Fortführung der derzeitigen Marktordnungspolitik ändert sich die Versorgungssituation auf dem deutschen Zuckermarkt am wenigsten. Bei einer Erzeugung von ca. 3,3 Mio. t Quoten-Zucker und einer Nachfrage von 2,9 Mio. t fallen weiterhin Überschüsse in Höhe von ca. 0,4 Mio. t an. Der SVG liegt bei ca. 117 v.H.

- Konzept III - Vollkommene Liberalisierung - hat zur Folge, dass bei Ausrichtung der Produktionsentscheidungen am Weltmarktpreisniveau - trotz Abschaffung aller Restriktionen und der somit gegebenen Rationalisierungsmöglichkeiten in der Zuckererzeugung - auf keinem der deutschen Produktionsstandorte wirtschaftlich Zucker erzeugt werden kann. Der Verbrauch ist ausschließlich durch Importe zu decken. Entsprechend beträgt der SVG bei diesem Konzept 0 v.H.. Diese Versorgungssituation bedingt eine totale Abhängigkeit vom Weltmarkt mit allen Versorgungs- und Preisrisiken.

- Im Gegensatz dazu kommt es im Konzept I - Senkung der Quotenmenge und des Interventionspreises - zu einem deutlichen Anstieg der deutschen Zuckerproduktion. Die Produktionseinschränkung in anderen EU-Ländern mit standortbedingten Wettbewerbsnachteilen ermöglicht den deutschen Zuckerfabriken einen Quotenzukauf von 1,1 Mio. t. Die Zuckererzeugung innerhalb der Quote steigt dadurch in Deutschland - trotz Kürzung der bisherigen nationalen Quote um 16 v.H. - auf 4 Mio. t an. Auf Basis der als konstant angenommenen Nachfrage entspricht dies einem SVG von 137 v.H.

- Auch für Konzept II - Aufhebung der Binnenmarktregelungen bei Aufrechterhaltung des Außenschutzes - errechnet sich ein Anstieg der deutschen Zuckererzeugung. Der Wegfall der Quotenregelung ermöglicht eine Kostensenkung durch Erhöhung der Kapazitätsauslastung in den Fabriken. Dies führt bei dem durch den Außenschutz ermöglichten Preisniveau zu einer rentablen Zuckererzeugung auf allen Standorten. Die Zuckerproduktion steigt um ca. 1,6 Mio. t auf ca. 5,4 Mio. t Ww, der SVG auf dem deutschen Zuckermarkt damit von 117 v.H. auf 186 v.H.[108].

6.2 Beurteilung der Auswirkungen auf die Produzentenrenten

Nachstehend werden neben den maßnahmenbedingten Änderungen der sektoralen Produzentenrenten in der deutschen Zuckerwirtschaft auch die Auswirkungen auf die einzelbetrieblichen Produzentenrenten in der Landwirtschaft und Zuckerindustrie beurteilt.

6.2.1 Auswirkungen auf die sektorale Produzentenrente

Die Reformkonzepte I und II weisen mit Gewinnen an sektoraler Produzentenrente von 109 Mio. € bzw. 102 Mio. € zwar nahezu keine Unterschiede auf, der Gewinn in Konzept I basiert jedoch auf Transferzahlungen in Höhe von 224 Mio. €[109]. Konzept III führt durch die Einstellung der Erzeugung zu Produzentenrentenverlusten in Höhe von 363 Mio. €. Insbesondere bei Konzept III fallen zusätzlich hohe Kapitalverluste durch die Schließung aller Fabriken an. Darüber hinaus kommt es zu negativen Rückkopplungseffekten im Getreideanbau durch den Anstieg der Überschüsse sowie den Wegfall der positiven Vorfruchtwirkung der Zuckerrübe.

Hinter der Gleichheit der sektoralen Produzentenrentenänderungen in den Konzepten I und II verbergen sich jedoch, bezogen auf die Auswirkungen in der Zuckerindustrie und Landwirtschaft, tiefgreifende konzeptbedingte Unterschiede:

- Im Konzept II verzeichnet die Zuckerindustrie aufgrund veränderter betriebs- und marktwirtschaftlicher Rahmenbedingungen, die zu grundlegenden Verbesserungen der Produktionsstrukturen führen, einen deutlichen Anstieg der Produzentenrente um 360 Mio. €, während diese im Konzept I lediglich um 118 Mio. € steigt. Der geringere Produzentenrentengewinn im Konzept I ist u.a. durch den niedrigeren Zuckerpreis sowie die Kosten für den Quotenzukauf bedingt.

- Die Produzentenrentenentwicklung in der Landwirtschaft zeigt, dass im Grunde alle drei Reformkonzepte mit 233 bis 287 Mio. € zu annähernd gleichen Verlusten führen. Der in Übersicht 21 für Konzept I ausgewiesene Verlust in Höhe von 9 Mio. € resultiert aus Transferzahlungen in Höhe von 224 Mio. € und nicht aus Veränderungen der ökonomischen Rahmendaten. Im Konzept II hingegen kann durch die Umverteilung

---

[108] Während Deutschland und einige andere zentraleuropäische Länder aufgrund günstiger Produktionsbedingungen den Zuckerrübenanbau ausdehnen, stellen die süd- und nordeuropäischen Länder die Erzeugung teilweise oder sogar ganz ein. Die EU-Marktsituation insgesamt bleibt jedoch ausgeglichen.

[109] Es ist wahrscheinlich, dass in Deutschland bei einer Reform der Zuckermarktordnung die Ausgleichszahlungen für die Senkung des Zuckerrübenpreises im Rahmen des gewählten Regionalisierungsmodells erfolgen. D.h., die vorgesehenen Ausgleichszahlungen werden den Gesamtausgleichszahlungen für die Flächenprämie zugeschlagen und auf die LF bezogen. Daraus folgt, dass die Ausgleichszahlungen im Zuckersektor, die 60 v.H. der preissenkungsbedingten Einkommensverluste kompensieren sollen, infolge der Durchschnittsbildung deutlich niedriger liegen werden.

des in der Zuckerindustrie erwirtschafteten hohen Gewinnes auch in der Landwirtschaft gegenüber der Referenzsituation eine Erhöhung der Produzentenrente erreicht werden.

- Der Vorteil des Konzeptes II erhöht sich dadurch, dass keine Quotenkosten anfallen. Diese sind zwar auch im Reformkonzept I nicht berücksichtigt, ihre Bedeutung steigt jedoch, da aufgrund des Strukturwandels der Anteil der zugepachteten Quoten zunimmt. Dadurch wird ein steigender Anteil der Produzentenrente auf die nicht wirtschaftenden Quoteneigentümer übertragen und den verbleibenden Betrieben Gewinn durch ein Betriebsmittel entzogen, dessen Marktwert ausschließlich durch administrative Eingriffe geschaffen wurde. Außerdem führt diese Überwälzung in den meisten Fällen zu erheblichen Transaktionskosten, da aufgrund langfristig bestehender Pachtverträge die notwendigen Anpassungen der Pachtpreise oft nicht unmittelbar vorgenommen werden können.

6.2.2 Auswirkungen auf die einzelbetriebliche Produzentenrente

Neben der vergleichenden Beurteilung der reformbedingten Auswirkungen auf den Zuckersektor insgesamt sowie auch differenziert nach Landwirtschaft und Zuckerindustrie ist zur Bewertung der Reformkonzepte eine detaillierte vergleichende Beurteilung der maßnahmenbedingten Auswirkungen auf die einzelbetrieblichen Gewinne und den Strukturwandel im Zuckerrübenanbau sowie in der -verarbeitung erforderlich.

6.2.2.1 Auswirkungen auf die Landwirtschaft

Die strukturellen Auswirkungen der Konzepte auf die Landwirtschaft hängen maßgeblich davon ab, ob es reformbedingt zu einer Unterschreitung der einzelbetrieblichen Rentabilitätsschwelle des Zuckerrübenanbaus in den Betrieben kommt. Zur Abschätzung des langjährig ablaufenden Strukturwandels im Zuckerrübenanbau wird unterstellt, dass dieser sich auf Betriebe konzentriert, in denen die Rübenerzeugung auch nach Umsetzung der Reformkonzepte rentabel ist.

In Schaubild 21 sind die maßnahmenbedingten Gewinne der Zuckerrüben erzeugenden Modellbetriebe im Vergleich zu den Gewinnen in der Referenzsituation dargestellt.

Während Konzept II hinsichtlich der Veränderung der Produzentenrente im Zuckersektor insgesamt das überlegene Konzept ist, erweist sich - bezogen auf die einzelbetrieblichen Gewinnänderungen in der Landwirtschaft - Konzept I als die vorteilhafteste Alternative.

96

Schaubild 21 - Gewinne der Modellbetriebe[1) in der Referenzsituation und unter den Bedingungen der Reformkonzepte (in 1.000 €)

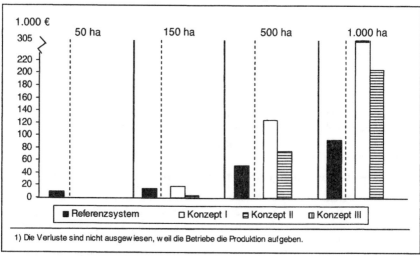

1) Die Verluste sind nicht ausgewiesen, weil die Betriebe die Produktion aufgeben.

Quelle: Eigene Berechnungen.

Schaubild 21 verdeutlicht folgende Zusammenhänge:

- Im Konzept III wird der Zuckerrübenanbau in Deutschland aufgegeben, weil selbst in den großen Betrieben die Rentabilität nicht gegeben ist.

- Der starke Rückgang der Erlöse je ha in den Konzepten I und II bedingt, dass im 50 ha LF Betrieb infolge der ungünstigen Kostensituation die Rentabilitätsschwelle unterschritten wird, und diese damit den Zuckerrübenanbau einstellen.

- Die hohe Vorteilhaftigkeit der Konzepte I und II für die verbleibenden Betriebe resultiert aus der Anbauausdehnung aufgrund des Quotenzukaufs bzw. der Quotenaufhebung. Die Gewinnsteigerung aufgrund der Produktionsausdehnung ist - mit Ausnahme des 150 ha LF Betriebes - wesentlich größer als die preissenkungsbedingten Einbussen.

- Die Unterschiede zwischen den Gewinnen der Betriebe in den einzelnen Betriebsgrößenklassen sind in den Konzepten I und II nicht durch Kosten- sondern durch Preisunterschiede bedingt. Der Preis für Zuckerrüben beträgt im Konzept I 27,40 €/t Rüben und im Konzept II 25 €/t Rüben.

- Die Gewinndifferenzierung nimmt zwischen den Betriebsgrößenklassen zu, weil die Betriebe gegenüber der Referenzsituation mit steigender Größe ihre Anbaufläche überproportional ausdehnen.

- In den Berechnungen werden für das Referenzsystem und Konzept I in der Landwirtschaft keine Quotenkosten angesetzt, da die Quote annahmegemäß den Zuckerfabriken zugeordnet und ihre Kosten dort berücksichtigt werden.

6.2.2.2 Auswirkungen auf die Zuckerindustrie

In Schaubild 22 sind die einzelbetrieblichen Gewinne der untersuchten Modellfabriken in der Referenzsituation und den Reformkonzepten ausgewiesen.

Schaubild 22 - Gewinne der Modellfabriken[1] in der Referenzsituation und unter den Bedingungen der Reformkonzepte (in Mio. €)

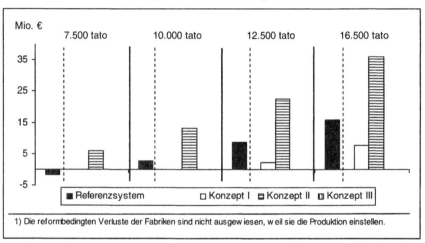

Quellen: Eigene Berechnungen.

Im Gegensatz zur einzelbetrieblichen Situation in der Landwirtschaft ist Konzept II in der Zuckerindustrie dem Konzept I aus folgenden Gründen überlegen:

- Konzept II bewirkt in allen Fabrikgrößenklassen einen deutlichen Gewinnanstieg. Unter Ansatz der Vollkosten erwirtschaftet sogar die 7.500 tato Fabrik ein positives Ergebnis. Die Überlegenheit des Konzeptes II ergibt sich aus der hohen Kapazitätsauslastung und damit Kostensenkung infolge der Quotenaufhebung. Dadurch liegen die einzelbetrieblichen Gewinne, trotz der niedrigen Preise erheblich über denen in der Referenzsituation.

- In Konzept I können nur die Fabriken mit 12.500 tato und 16.500 tato, bei beträchtlich geringeren Gewinnen als in der Referenzsituation und in Konzept II, die Zuckerrübenverarbeitung aufrechterhalten. Die Gewinnnachteile resultieren im Wesentlichen aus dem niedrigeren Zuckerpreis und den hohen Kosten für den Quotenzukauf.

- Im Konzept II werden alle Zuckerfabriken stillgelegt, weil der zahlbare Rübenpreis unter der Rentabilitätsschwelle des Zuckerrübenanbaus liegt.

6.3 Auswirkungen auf die Konsumentenrente

Im Vergleich zum Referenzsystem führt die Realisierung der drei Konzepte zu einer deutlichen Erhöhung der Konsumentenrente, weil diese eine Senkung des Binnenmarktpreisniveaus für Zucker vorsehen[110]. Übersicht 21 zeigt, dass der Gewinn an Konsumentenrente im Konzept III mit ca. 1.079 Mio. € erheblich höher liegt als im Konzept I (612 Mio. €) und im Konzept II (528 Mio. €). Dies entspricht einer Senkung der Verbraucherausgaben für Zucker um 13,15 bis 3,26 € pro Kopf und Jahr. Es sei dabei nochmals darauf hingewiesen, dass die Rentengewinne - insbesondere im Konzept III - deutlich geringer ausfallen, wenn der Weltmarktpreis über das angenommene Niveau von 260 €/t Ww ansteigt.

6.4 Auswirkungen auf die Staatsausgaben

Bezüglich der Auswirkungen der Reformkonzepte auf die Staatsausgaben ist Konzept II die vorzüglichste Maßnahme. Gegenüber der Referenzsituation bleiben die Staatsausgaben in diesem Konzept konstant, während sie im Konzept I um 174 Mio. € und im Konzept III um 289 Mio. € ansteigen. Nachstehende Aspekte sind hervorzuheben:

- Der hohe Anstieg der Staatsausgaben im Konzept I resultiert aus der Umstellung der EU-Agrarpolitik von der preis- auf die flächenbezogene Einkommenspolitik über Ausgleichzahlungen für die Landwirtschaft sowie den Sozialkosten für die im Zuckersektor maßnahmenbedingt freigesetzten Arbeitskräfte.

- Im Konzept III entfallen alle Arbeitsplätze in der Zuckerindustrie. Daher sind die Sozialkosten vergleichsweise hoch.

6.5 Außenhandelspolitische Auswirkungen

Hinsichtlich der Anpassungen an die WTO-Anforderungen sind die EU-weiten Auswirkungen der Konzepte maßgebend. Die Konzepte II und III erweisen sich als weitestgehend konform, während Konzept I weitere Modifikationen erfordert. Die Bewertung der außenhandelspolitischen Auswirkungen basiert auf nachstehenden Kriterien:

---

[110] Es ist jedoch zu berücksichtigen, dass eine Senkung des Binnenmarktpreises den Verbrauchern nur z.T. zugute kommt, da lediglich ca. 14 v.H. des Zuckerverbrauchs auf Haushaltszucker entfallen und es daher fraglich ist, ob die industriellen Zuckerverarbeiter die eingesparten Kosten in vollem Umfang an den Endverbraucher weitergeben (vgl. Neureuther, J.: Bewährte Zuckermarktordnung beibehalten. Internet: www.fdp-worms.de/presse_detail.php?nr=48 (zuletzt am 4. Februar 2004)). Allerdings ist bei mittel- bis langfristiger Betrachtung davon auszugehen, dass die industriellen Verbraucher aufgrund des bestehenden Wettbewerbs auf den Märkten den Preisvorteil weitestgehend an die Endverbraucher weitergeben.

- **Interne Stützung:** Diese bleibt in den Konzepten I und II erhalten und bewirkt Verzerrungen der internationalen Wettbewerbsfähigkeit, während Konzept III keine interne Stützung vorsieht. Die Stützungsniveaus liegen in den Konzepten I und II jedoch deutlich niedriger als im Referenzsystem und ermöglichen somit die Einhaltung der im Rahmen des WTO-Abkommens vereinbarten Verpflichtungen.

- **Exportsubventionen:** Aus inländischer Erzeugung fallen in den Konzepten I und III keine Überschüsse an. Im Konzept I liegt die Produktionsquote unterhalb des Verbrauchs, im Konzept III wird die Zuckerproduktion eingestellt. Im Konzept II ist die Quoten- und Interventionsregelung aufgehoben. Der Export eventuell anfallender Überschüsse ist im Rahmen der derzeitigen WTO-Regelungen erlaubt, da diese den Drittlandsexport von Nicht-Quoten- sowie Präferenz-Zucker als WTO-konform einstufen. Im Hinblick auf die zukünftigen WTO-Exportbedingungen hingegen ist lediglich Konzept III als vollkommen konform zu bewerten. Im Konzept I ermöglicht nur eine zusätzliche Quotenkürzung die Einhaltung der WTO-Anforderungen, während im Konzept II erntebedingte Überschüsse durch Lagerhaltung auszugleichen sind.

- **Marktzugang:** Alle Reformmaßnahmen gewährleisten einen Mindestmarktzugang gemäß den WTO-Beschlüssen. Dabei sind in den Konzepten I und II vorrangig zollbegünstigte Importkontingente vorgesehen, in Abhängigkeit von der Marktsituation besteht darüber hinaus die Möglichkeit regulärer Importe. Im Konzept III bestehen hingegen keinerlei Beschränkungen des Marktzugangs.

- **Preisstabilität auf dem Weltmarkt:** Da alle Reformkonzepte die zukünftigen Nettoexporte im Vergleich zum Referenzsystem senken, - wenngleich in deutlich unterschiedlichem Umfang - ist tendenziell von einer Erhöhung des Weltmarktpreises auszugehen. Diese zusätzlich preissteigernden Effekte gehen von möglichen EU-Zuckerimporten aus, die im Konzept III besonders groß sind. Für die Entwicklung des Weltmarktpreises bei Umsetzung der Reformkonzepte I, II und III ist darüber hinaus die Angebotsreaktion Brasiliens, dessen Weltmarktanteil durch den Wegfall der EU-Exporte auf ca. 39 v.H. ansteigt, maßgebend. Die Unsicherheit der zukünftigen Preisentwicklung wird zusätzlich dadurch erhöht, dass in Brasilien lediglich fünf Familien die Zuckerproduktion beherrschen[111].

6.6 Beschäftigungs- und sozialpolitische Auswirkungen

Als Kennziffern dienen die Auswirkungen auf die Anzahl der Beschäftigten und die Sozialkosten, ermittelt über die Kosten je freigesetzter Arbeitskraft. Im Konzept II fallen, im Gegensatz zu den beiden anderen Konzepten, keine Sozialkosten an. Es zeichnet sich durch nachstehende sozialökonomische Aspekte aus:

- Die Anzahl der Beschäftigten im Zuckersektor ändert sich nicht, durch die reformbedingte Produktionsausweitung wird die Arbeitsproduktivität sogar erheblich gesteigert. In den Konzepten I und III werden dagegen ca. 2.500 bzw. ca. 6.700 Beschäftig-

---

[111] Vgl. Roth, M.: Es ist halt modern, mit der Fahne der Globalisierung herumzulaufen. „Frankfurter Allgemeine Zeitung", Nr. 85 10. April 2004, S. 14.

100

te freigesetzt. Dies verursacht Sozialkosten und damit eine Belastung des deutschen Staatshaushaltes in Höhe von ca. 65 und 174 Mio. €.

- Die hohe Sozialverträglichkeit. Durch die nachhaltige Steigerung der Produzentenrente bleiben die Pachtpreise unverändert. Dies ist von besonderer Bedeutung, da die Pachteinnahmen häufig für die nicht wirtschaftenden Bodeneigentümer eine wichtige Komponente der Alterssicherung darstellen, zumal der Strukturwandel vor allem die kleineren Betriebe betrifft. Dagegen sinkt die Pachtzahlungsfähigkeit in den Konzepten I und III. Die Belastung des Staatshaushaltes durch Sozialkosten steigt daher nicht nur infolge der freigesetzten Arbeitskräfte, sondern zusätzlich durch den erforderlichen Sozialausgleich für diejenigen Bodeneigentümer, die durch sinkende Pachtpreise in wirtschaftliche Not geraten. In diesem Zusammenhang ist jedoch zu berücksichtigen, dass aufgrund der unelastischen Nachfrage nach Pachtland bei sinkenden Bodenrenten je ha die Pachtpreise nicht im gleichen Ausmaß zurückgehen.

6.7 Gesamtwirtschaftliche Auswirkungen

Trotz erheblicher maßnahmenbedingter Unterschiede in den Auswirkungen auf die Produktionsstrukturen differieren die Wohlfahrtswirkungen nur in einer relativ geringen Bandbreite (vgl. Übersicht 21). Dies verdeutlicht, dass die Wohlfahrtsänderung nicht das entscheidende Kriterium für die Konzeptbewertung sein kann. Konzept II ist mit einem Saldo von 630 Mio. € den Konzepten III und I mit 542 bzw. 432 Mio. € überlegen. Die umfassende Bewertung der einzelnen Konzepte setzt daher die komplexe Berücksichtigung aller reformbedingten Effekte voraus (vgl. Schaubild 23).

Schaubild 23 - Kosten-Nutzen-Änderung der untersuchten Reformkonzepte im Vergleich zum Referenzsystem (in Mio. € p.a.)

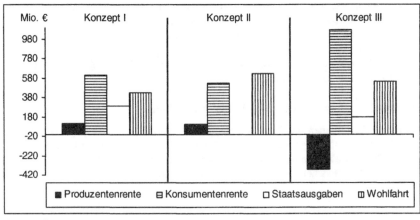

Quelle: Übersicht 21.

6.8 Schlussfolgerungen

Ausgehend von der maßnahmenbedingten Veränderung der gesamtwirtschaftlichen Wohlfahrt gegenüber der Referenzsituation als Beurteilungskriterium erweist sich Konzept II als überlegen. Zwar führen alle drei Reformkonzepte gegenüber der Referenzsituation - bei nur geringen Differenzen - zu einer Verbesserung der gesamtwirtschaftlichen Wohlfahrt (vgl. Übersicht 21), hinsichtlich ihrer markt-, struktur- und sozialpolitischen Auswirkungen bestehen jedoch erhebliche Unterschiede zugunsten von Konzept II. Insbesondere nachstehend aufgeführte Aspekte unterstreichen dessen Überlegenheit:

1. Einhaltung der WTO-Verpflichtungen. Die im Rahmen des gegenwärtigen WTO-Abkommens eingegangenen völkerrechtlich verbindlichen Verpflichtungen in den Bereichen Interne Stützung, Exportsubvention und Marktzugang lassen sich einhalten. Dies trifft auch für den Fall einer weiteren Verschärfung der Auflagen zu.

2. Wegfall der volkswirtschaftlichen Verluste durch die Zuckerexporte. Mit der Aufhebung der Interventionsregelung entfallen die unwirtschaftliche Überschussproduktion und der damit erforderliche subventionierte Export.

3. Begrenzung der Importabhängigkeit bei dem Notwendigkeitsgut Zucker. Demgegenüber führt die Vollkommene Liberalisierung im Konzept III zur totalen Abhängigkeit von der Weltmarktsituation mit allen Versorgungs- und Preisrisiken.

4. Deutliche Verbesserung der Produktionsstrukturen im Zuckerrübenanbau durch die Aufhebung der Quotenregelung in Verbindung mit einer Preissenkung. Letztere bewirkt in den kleinen Betrieben eine Unterschreitung der Rentabilitätsschwelle und die Einstellung des Zuckerrübenanbaus. Die Quotaufhebung begünstigt die Produktionsverlagerung in die größeren Betriebe und an die besseren Standorte, wo die Rentabilität trotz der Preissenkung weiterhin gewährleistet ist. Dabei steigen die einzelbetrieblichen Gewinne sogar an, wenn die prozentuale Anbauausdehnung die prozentuale Preissenkung übertrifft.

5. Hohe Auslastung aller bestehenden Verarbeitungskapazitäten in der Zuckerindustrie ohne zusätzliche Quotenkosten. Die Produktionsausdehnung kann erfolgen, weil in vielen EU-Regionen die Preissenkung zur Aufgabe der Zuckererzeugung führt. Erhebliches Kostensenkungspotenzial besteht darüber hinaus in einer Verbesserung der Verarbeitungsstrukturen.

6. Beschäftigungspolitische Vorteile. Diese resultieren im Wesentlichen aus der Aufrechterhaltung der Zuckererzeugung in den derzeitigen Verarbeitungsstrukturen. Die Vorteilhaftigkeit von Konzept II nimmt noch zu, wenn die Kosten der sozialen Sicherung in den Konzepten I und III sich als zu niedrig erweisen sollten.

7. Sozialpolitische Vorteile. Im Konzept II steigt - anders als in den Konzepten I und III - sowohl die Produzenten- als auch die Konsumentenrente. Zudem ermöglicht die Umverteilung der Gewinne und Verluste zwischen Zuckerindustrie und Landwirtschaft für beide Sektoren Rentengewinne, so dass soziale Härten insbesondere in der Landwirtschaft abgemildert werden.

Aufgrund der o.a. Vorteile im Vergleich sowohl zur Referenzsituation als auch zu den anderen in die Analyse einbezogenen Konzepten ist Konzept II - Aufhebung der Binnenmarktregelung bei Aufrechterhaltung des Außenschutzes - die eindeutig vorzüglichste Reformalternative.

7 Zusammenfassung

Die derzeitige EU-Zuckermarktordnung hat zu gravierenden gesamtwirtschaftlichen Fehlentwicklungen geführt. Im Vordergrund stehen u.a. die Überschusssituation, die hohe finanzielle Belastung der Konsumenten und die Störung des internationalen Handels. In ihrer gegenwärtigen Ausgestaltung läuft die Zuckermarktordnung im Jahr 2006 aus. Vor diesem Hintergrund und der laufenden Klage bei der WTO gegen die EU-Zuckerexportpolitik, hat die EU-Kommission unterschiedliche Konzepte zur Reform des EU-Zuckermarktes vorgelegt. Ziel dieser Arbeit ist es, die Auswirkungen dieser Reformkonzepte auf die deutsche Zuckerwirtschaft zu analysieren und eine Rangfolge der Vorzüglichkeit der analysierten Konzepte abzuleiten. Darüber hinaus werden die einzelbetrieblichen Konsequenzen für die Landwirtschaft und die Zuckerindustrie untersucht und beurteilt. Folgende drei Reformkonzepte werden in die Analyse einbezogen:

Konzept I: Senkung des Interventionspreises und der Quotenmenge
Konzept II: Aufhebung der Binnenmarktregelungen bei Aufrechterhaltung des Außenschutzes
Konzept III: Vollkommene Liberalisierung.

Die Grundlage der Untersuchung bilden Kosten-Nutzen-Analysen zur quantitativen und qualitativen Bewertung der relativen Vorzüglichkeit der o.a. Reformvorschläge. Im Rahmen der quantitativen Untersuchung werden mit Hilfe eines komparativstatischen Modells zunächst die einzelbetrieblichen Grenzkosten der Landwirtschaft und Zuckerindustrie ermittelt. Aus der Addition ergeben sich die Gesamt-Grenzkosten der deutschen Zuckerwirtschaft. Durch die Aggregation der standortbezogenen Gesamt-Grenzkosten wird die Angebotsfunktion gebildet. In Verbindung mit der als vollkommen preisunelastisch unterstellten Zuckernachfragefunktion werden die gesamtwirtschaftlichen Kosten- und Nutzenelemente der Reformkonzepte abgebildet.

Die wesentlichen Ergebnisse der Arbeit lassen sich in folgenden drei Thesen zusammenfassen:

1.   Die WTO-Auflagen schließen die Beibehaltung der derzeitigen EU-Zuckermarktordnung aus

Die Analyse der bisherigen und zukünftigen Entwicklungen auf dem EU-Zuckermarkt verdeutlicht, dass sich bei Fortsetzung der derzeitigen EU-Zuckermarktpolitik - neben den bestehenden Problemen wie der Einschränkung des Wettbewerbs, der Verzerrung der Einkommensverteilung zugunsten der Quoten- und Bodeneigentümer und der Belastung der Verbraucher - insbesondere die welthandelspolitischen Probleme verschärfen werden. Die EU-Nettoexporte steigen aufgrund der zunehmenden Präferenz-Zuckerimporte, die reexportiert werden müssen, an. Diese Entwicklung verstärkt die welthandelspolitischen Konflikte, da bereits die Einhaltung der bestehenden WTO-

Verpflichtungen im Bereich der Exportsubventionen ohne eine Modifizierung der EU-Zuckermarktordnung nicht realisierbar ist. Der Anpassungsdruck wird durch das zu erwartende Urteil des WTO Zucker-Panels erhöht, das mit großer Wahrscheinlichkeit eine Verschärfung der Exportregelungen beinhaltet.

2. Die Reformkonzepte unterscheiden sich hinsichtlich der Wohlfahrtseffekte gravierend gegenüber dem Referenzsystem, jedoch nur unwesentlich untereinander

In der vergleichenden Bewertung geht es weniger um die Veränderungen gegenüber dem Referenzsystem als um die unterschiedlichen Auswirkungen der einzelnen Reformkonzepte auf die Kosten-Nutzenelemente. Folgende maßnahmenbedingte Unterschiede lassen sich herausstellen:

- Ausgehend vom Kriterium „Änderung der gesamtwirtschaftlichen Wohlfahrt" ist Konzept II mit 630 Mio. € den Konzepten I (432 Mio. €) und III (543 Mio. €) überlegen. Die relativ geringen Unterschiede zwischen den Konzepten zeigen jedoch, dass neben diesem Bewertungskriterium eine differenziertere Betrachtung der Effekte erforderlich ist.

- Hinsichtlich der Änderung der Produzentenrente ist der Gewinn im Konzept I mit 109 Mio. € geringfügig höher als im Konzept II (102 Mio. €). Demgegenüber entsteht im Konzept III im Vergleich zum Referenzsystem ein Verlust an Produzentenrente in Höhe von 363 Mio. €.

- Durch die Senkung des Preisniveaus führen alle Konzepte zu Gewinnen an Konsumentenrente. Dieser ist im Konzept III durch die Übernahme des Weltmarktpreises mit 1.079 Mio. € deutlich höher als in den Konzepten I (612 Mio. €) und II (528 Mio. €). Unberücksichtigt bleibt dabei jedoch, dass extreme Erhöhungen des Weltmarktpreises den Konsumentenrentengewinn im Konzept III beträchtlich senken.

- Mit Einführung von Konzept II ist weder eine Änderung der deutschen Staatsausgaben noch des EU-Haushaltes verbunden. Konzept III belastet den deutschen Staatshaushalt aufgrund entstehender Sozialkosten mit 174 Mio. €, zusätzliche Zahlungen in den EU-Haushalt sind nicht erforderlich. Die höchste Belastung des deutschen Staatshaushaltes resultiert aus Konzept I mit 289 Mio. €. Davon entfallen auf Sozialkosten 65 Mio. € und 224 Mio. € auf zusätzliche Zahlungen in den EU-Haushalt zur Finanzierung der entkoppelten Flächenprämien.

3. Markt-, struktur- und sozialpolitische Vorteile unterstreichen die aus der Kosten-Nutzen-Analyse abgeleitete Überlegenheit von Konzept II

Die in der Kosten-Nutzen-Analyse ermittelte Überlegenheit des Konzeptes II wird durch folgende Aspekte verstärkt:

- Einhaltung der WTO-Verpflichtungen. Die marktwirtschaftlichen Rahmenbedingungen ermöglichen der EU die Konformität mit allen Vereinbarungen des derzeitigen WTO-Abkommens sowie auch bei einer ggf. zukünftigen Verschärfung der internationalen Handelsregelungen.

- Wegfall der durch die Zuckerexporte bedingten volkswirtschaftlichen Verluste. Da die Exportsubventionen entfallen, ist die Überschussproduktion zum Weltmarktpreis unwirtschaftlich.

- Versorgungssicherung bei dem Notwendigkeitsgut Zucker. Die Aufrechterhaltung der inländischen Zuckerproduktion auf reduziertem Niveau begrenzt die Abhängigkeit von der Weltmarktsituation mit allen Versorgungs- und Preisrisiken.

- Erwirtschaftung von Produzentenrentengewinnen, trotz sinkender Preise, durch Verbesserung der Produktionsstrukturen. Die Gewinne basieren - im Gegensatz zu Konzept I - nicht auf staatlichen Ausgleichszahlungen, sondern werden durch eine Verbesserung der Produktionsstrukturen in der Landwirtschaft sowie eine höhere Kapazitätsauslastung in der Zuckerindustrie erwirtschaftet. Erhebliches Kostensenkungspotenzial besteht darüber hinaus in einer Verbesserung der Verarbeitungsstrukturen.

- Vergleichsweise geringe beschäftigungs- und sozialpolitische Auswirkungen in Deutschland. Es kommt nicht zur Freisetzung von Arbeitskräften. Durch die Ausdehnung des Zuckerrübenanbaus - bei einer höheren Rentabilität als im Getreideanbau - sinken die Pachtpreise weniger stark als in den beiden anderen Konzepten. Dadurch sind die finanziellen Einbußen der aufgebenden Landwirte geringer.

Literaturverzeichnis

Bücher, Sammelwerke, Zeitschriften

Anwander Phan-huy, S.: Auswirkungen der Liberalisierung im Agrar- und Ernährungssektor auf die Beschäftigung. Wissenschaftsverlag Vauck, Kiel 1999, S. 10.

Altweck, A.: Kostenrechung im Rübenanbau (KORA). „DZZ", Jg. 38, Nr. 4/2002, S. 5.

Bartens, A. und H. Mosolff: Zuckerwirtschaft. Verlag Dr. Bartens, Berlin, versch. Jgg.

Bickert, C.: Preise runter, Quoten weg? „DLG Mitteilungen", Nr. 10/2003, S. 61.

Brandes, W.: Wettbewerb in der Landwirtschaft aus Sicht der evolutorischen Ökonomik. „Agrarwirtschaft", Jg. 49, Nr. 8/2000, S. 285.

Ernst, A.: Kein Anlaß zu Optimismus? „DZZ", Jg. 38, Nr.3/2002, S. 5.

Ernst, A.: Trotz Überschüsse knappes Angebot? „DLG Mitteilungen", Jg. 118, Nr. 2/2003, S. 64.

Friedrichsen, P.: Mulchen oder aktiven Ackerbau betreiben? „Bauernblatt", Jg. 58/154, Nr. 42/2004, S. 20 ff.

Gans, O. und R. Marggraf: Kosten-Nutzen-Analyse und ökonomische Politikbewertung Band 1. Springer-Verlag, Berlin 1997, S. 46 f.

Gömann, H.: GAP zwischen Ökonomie und Politik - Sozialökonomische Beurteilung agrarpolitischer Maßnahmen der Agenda 2000 und des amerikanischen FAIR-Act. Diss., Universität Bonn 2001.

Grages, K.-L.: Gibt es eine Flächenbindung bei Rübenquoten? „top-agrar", Nr. 12/1989, S. 32-33.

Grages, K.-L.: Wie sind die Lieferrechte bei Z-Rüben zu sichern? „top-agrar", Nr. 1/1990, S. 46-49.

Grosskopf, W.: Bestimmung der optimalen Größen und Standorte von Verarbeitungsbetrieben landwirtschaftlicher Produkte. „Agrarwirtschaft", Hannover 1971, Sonderheft 45, S. 17 ff.

Hanusch, H.: Nutzen-Kosten-Analyse. Verlag Franz Vahlen, München 1987, S. 3.

Helmke, B.: Zur Bedeutung der betrieblichen Flächenausstattung für die Produktionskosten im Marktfruchtbau. Diss., Universität Kiel 1996.

Henrichsmeyer, W. und H.P. Witzke: Agrarpolitik Band 2 Bewertung und Willensbildung. Eugen Ulmer Verlag, Stuttgart 1994, S. 151 f.

Knöbl, I. et al.: Landwirtschaft zwischen Tradition und Moderne. Forschungsbericht der Bundesanstalt für Bergbauernfragen Nr. 42, Wien 1999, S. 190 ff.

Koester, U.: Grundzüge der landwirtschaftlichen Marktlehre. 2. Auflage. München 1992, S. 77 f.

Mahler, P.: Effizienzverluste in der deutschen Zuckerwirtschaft durch strukturkonservierende Wirkungen der EG-Zuckermarktordnung. Diss., Universität Hohenheim 1991.

Martens, R.: Werk Schleswig – ein betriebswirtschaftliches Opfer? „Bauernblatt" Jg. 57/153, Nr. 15/2003, S. 5.

N.N.: Druck auf EU-Zuckerindustrie wächst. „Frankfurter Allgemeine Zeitung", Nr. 204, 3. September 2003, S. 18.

N.N.: „Ökonomisch und ökologisch unsinnig". „Bauernblatt", Jg. 58/154, Nr. 16/2004, S. 4.

Ortmaier, E. und A. Altweck: Ergebnisse der betriebswirtschaftlichen Erhebungen. „DZZ", Jg. 34, Nr. 6/1998, S. 7 f. und Nr. 1/1998, S. 7 f.

Pittrohf, K.: KURT für den Güterkraftverkehr. Verkehrs-Verlag J. Fischer, Düsseldorf 1999.

Prött, W.: EU-Zuckerwirtschaft selbst verantwortlich für den Umgang mit Rübenlieferrechten. „Zuckerrübe", Jg. 44, Nr. 3/1995, S. 122 ff.

Render, H.: Ein Strukturkonzept zur Verbesserung der Wettbewerbsstellung der norddeutschen Zuckerwirtschaft. Diss., Universität Bonn 1988.

Roth, M.: Es ist halt modern, mit der Fahne der Globalisierung herumzulaufen. „Frankfurter Allgemeine Zeitung", Nr. 85, 10. April 2004, S. 14.

Schmidt, H.: Evaluation spezieller institutioneller Ausgestaltungen der EU-Zuckermarktordnung. „Agrarwirtschaft", Sonderheft 175, Kiel 2003, S. 123 ff.

Schmidt, E.: Auswirkungen der EG-Zuckermarktordnung auf die regionale Wettbewerbsfähigkeit der Rübenzuckerproduktion. „Zuckerindustrie", Jg. 30, Nr. 8/1980, S. 763.

Schmidt, E.: Vorschlag für eine grundlegende Reform der EU-Zuckermarktordnung (VO 1260/2001). „Gutachten für IZZ", Göttingen, August 2002.

Schmidt, E.: Vorschlag für eine grundlegende und praktikable Reform der EU-Zuckermarktordnung. „Agrarwirtschaft", Jg. 52, Nr. 2/2003, S. 129 ff.

Schmitz, S.: Kurzzeitlagerung von Zuckerrüben in Feldrandmieten. Diss., Universität Bonn 2003, S. 19 ff.

Schröder, J.: Maßnahmen zur Verbesserung der Effizienz der EG-Zuckermarktpolitik. Diss., Universität Bonn 1991.

Schulenburg, W. Graf von der: Betriebswirtschaftliche und strukturelle Problem der Zuckerindustrie in der Bundesrepublik Deutschland. „Agrarwirtschaft", Hannover 1960, Sonderheft 9, S. 95 ff.

Sommer, U.: Analyse und Bewertung der Sonderbestimmungen in der EWG-Zuckermarktordnung. „Forschungsanstalt für Landwirtschaft", Braunschweig-Völkenrode 1978, S. 16 ff.

Sommer, U.: Der Markt für Zucker 2002. „Agrarwirtschaft", Jg.52, Frankfurt a.M. Nr. 1/2003, S. 42 ff.

Stalb, H.: Ein Produktionskostenvergleich zwischen Marktfruchtbetrieben in Schleswig-Holstein, Ostengland und im Pariser Becken. Diss., Universität Kiel 1989.

Steffen, G. und D. Born: Betriebs- und Unternehmensführung in der Landwirtschaft. Eugen Ulmer Verlag, Stuttgart 1987, S. 288.

Steinhauser, H.; Langbehn, C.; Peters, U.: Einführung in die landwirtschaftliche Betriebslehre Allgemeiner Teil. 5. Auflage, Eugen Ulmer Verlag, Stuttgart 1992, S. 170.

Strube, C.: Modellanalyse zur Bestimmung der langfristig optimalen Kampagnedauer bei Rübenzuckerfabriken. „Agrarwirtschaft", Jg. 21, Nr. 11/1972, S. 391 ff.

Tangermann, S.: Die Zukunft der Handelspräferenzen für Entwicklungsländer bei Agrarprodukten im Rahmen der WTO-Verhandlungen. Schriften der Gesellschaft für Wirtschafts- und Sozialwissenschaften e.V., Bd. 37, Münster 2001, S. 217-228.

Trenkel, H.: Kostenanalyse und Erfolgsfaktoren im Betriebszweig Zuckerrübenanbau. Diss., Universität Bonn 1999.

Vierling, G. und J. Zeddies: Verfahrenskosten des Zuckerrübenanbaus – Kostenvergleich für wichtige EU-Standorte. „Zuckerindustrie", Jg. 46, Nr. 8/1996, S. 635 ff.

Wagner, P.: Konsequenzen für die Projektion von Politikmaßnahmen bei Annahme unterschiedlicher Produktionsfunktionen. Schriften der Gesellschaft für Wirtschafts- und Sozialwissenschaften des Landbaues. e.V. Bd. 31, Münster 1995, S. 389 ff.

Weinschenk, G.: Probleme der quantitativen Angebotsanalyse auf Agrarmärkten. „Zeitschrift Für Die Gesamte Staatswissenschaft", Bd. 120, Tübingen 1964, S. 164 ff.

Winner, C.: Wettbewerbskraft der Zuckerrübe. In: BML (Hrsg.): Berichte über die Landwirtschaft, Bd. 56 (1978), S. 131.

Winner, C.: Zuckerrübenanbau. DLG-Verlag, Frankfurt a.M. 1981, S. 68 ff.

Winner, C.: Zur Frage nach dem Leistungspotential der Zuckerrübe unter pflanzenbaulichen und verarbeitungstechnischem Aspekt. „Zuckerindustrie", Jg. 32, Nr. 5/1982, S. 382 ff.

Wissenschaftlicher Beirat beim BML: Vorschläge für eine grundlegende Reform der EG-Zuckermarktpolitik. Schriftenreihe des BML, Reihe A: Angewandte Wissenschaft, Heft 430, Landwirtschaftsverlag GmbH, Münster 1993.

Wolffram, R. und K. Beckers: Das AKP-Zuckerabkommen. Verlag Peter Lang, Frankfurt a. M. 1989.

Wolffram, R. und K. Hoff: Kosten-Nutzen-analytischer Vergleich von Milchmarktordnungssystemen – eine Duplik. „Agra-Europe" - Sonderdruck 32/83, S. 8.

Wolffram, R. und K. Hoff: Reform der EG-Agrarmarktpolitik durch subventionierten Kapazitätsabbau oder direkte Einkommensübertragungen? In: BMELF (Hrsg.): Berichte über die Landwirtschaft, Band 65 (2), Landwirtschaftsverlag GmbH, Münster 1987, S. 344.

Zeddies, J.: Zuckererzeugung noch wirtschaftlich? „Land & Forst", Jg. 153, Nr.2/2000, S. 8 ff.

Statistiken, Institutionen, Verordnungen

F.O. Licht: F.O. Licht's International Sugar and Sweetener Report World Sugar Balances. Ratzeburg, versch. Jgg.

Kuratorium für Technik und Bauwesen in der Landwirtschaft (KTBL): Taschenbuch Landwirtschaft. Darmstadt, versch. Jgg.

Dass.: Standarddeckungsbeiträge. Darmstadt, versch. Jgg.

Landwirtschaftskammer Rheinland: Arbeitskreis für Betriebsführung Köln-Aachener Bucht, Auswertung der Schlagkartei für Zuckerrüben. Bonn, versch. Jgg.

Dies.: Arbeitskreis für Betriebsführung, Auswertung der Schlagkartei für Getreide. Bonn, versch. Jgg.

Landwirtschaftskammer Schleswig-Holstein: Kalkulationsdaten. Kiel, April 2002.

N.N.: Kampagnedaten der Zuckerfabriken. „Zuckerindustrie", Nr.1/versch. Jgg.

Nordzucker AG und Dachverband Norddeutscher Zuckerrübenanbauer: Branchenvereinbarung. Braunschweig, 2001.

Nordzucker AG: Geschäftsberichte. Braunschweig, versch. Jgg.

Pfeifer & Langen und Rheinischer Rübenbauern-Verband: Branchenvereinbarung. Bonn, 2001.

Pfeifer & Langen: Geschäftsberichte (unveröffentlicht). Köln, versch. Jgg.

Sächsisches Staatsministerium für Umwelt und Landwirtschaf: Buchführungsergebnisse. Dresden, April 2002.

Statistik der Kohlenwirtschaft e.V.: Entwicklung ausgewählter Energiepreise. Köln, 2002.

StBA: Statistisches Jahrbuch über Ernährung Landwirtschaft und Forsten. Landwirtschaftsverlag GmbH, Münster, versch. Jgg.

StBA: Fachserie 3, Reihe 2.1.2, Bodennutzung der Betriebe. Metzler-Poeschel, Stuttgart u. Mainz, versch. Jgg.

StBA: Fachserie 3, Reihe 2.1.6, Eigentums- und Pachtverhältnisse. Metzler-Poeschel, Stuttgart u. Mainz, versch. Jgg.

StBA: Fachserie 3, Reihe 3, Landwirtschaftliche Bodenutzung und Erzeugung. Metzler-Poeschel, Stuttgart u. Mainz, versch. Jgg.

Südzucker AG: Geschäftsberichte. Mannheim, versch. Jgg.

Südzucker AG und Verband Süddeutscher Rübenanbauer: Branchenvereinbarung. Mannheim, 2001.

Verordnung (EWG) Nr.1009/67 des Rates vom 18. Dezember 1967 über die gemeinsame Regelung der Organisation des Zuckermarktes (Abl. Nr. 308 vom 18. Dezember 1967).

Verordnung (EG) Nr. 416/2001 des Rates vom 28. Februar 2001 zur Ausweitung der Zollbefreiung ohne Mengenbeschränkung auf Waren mit Ursprung in den am wenigsten entwickelten Ländern (Abl. EG Nr. L 60 vom 1. März 2001).

Verordnung (EG) Nr.1260/2001 des Rates vom 19. Juni 2001 über die gemeinsame Organisation des Zuckermarktes (Abl. Nr. 178 vom 30. Juni 2001).

Verordnung über die Grundsätze der guten fachlichen Praxis beim Düngen: Düngeverordnung vom 26. Januar 1996. BGB1. Teil I vom 6. Februar 1996, S. 118; geändert durch Artikel 2 der Verordnung vom 16. Juli 1997 (BGB1. I S. 1836).

Wirtschaftliche Vereinigung Zucker (WVZ): Statistisches Tabellenbuch. Landwirtschaftsverlag GmbH, Münster, versch. Jgg.

Wirtschaftliche Vereinigung Zucker (WVZ): Jahresbericht. Landwirtschaftsverlag GmbH, Münster, versch. Jgg.

Wirtschaftliche Vereinigung Zucker (WVZ): Zuckermarkt 2000/2001/2002... Zahlen, Fakten und Tendenzen. Landwirtschaftsverlag GmbH, Münster, 2002.

Internetquellen

BMVEL: Position der Bundesregierung zur Zwischenbewertung der Agenda 2000. Internet: www.verbraucherministerium.de/.../agenda-2000-zwischenbewertung-27-2-2002.html (zuletzt am 27. Februar 2002).

Europäische Kommission: Communication from the Commission to the Council and the European Parliament. Brussels, 14 July 2004 COM(2004) 499 final. Internet: http://europa.eu.int/comm/agriculture/publi/reports/sugar/indeces_en.htm (zuletzt am 4 Januar 2005).

Dies.: Der Weg zu einer Reform der Zuckerpolitik der Europäischen Union. „Arbeitsdokument der Kommissionsdienststellen", Brüssel, den SEK (2003), Internet: http://europa.eu.int/comm/agriculture/publi/reports/sugar/indeces_en.htm (zuletzt am 2. Oktober 2003).

Eurostat: Pflanzliche Erzeugnisse (außer Obst und Gemüse) (jährliche Daten). Internet: http://epp.eurostat.cec.eu.int/portal/page?_pageid=1090,1137397&_dad=portal&_schema=PORTAL (zuletzt am 15. November 2004).

Landwirtschaftlicher Informationsdienst Zuckerrübe (LIZ): Kampagnewerte 2002. Internet: www.liz-online.de/eh/ernte/tagm/app_kopf.htm (zuletzt 8. Januar 2003).

Lorenzen, H. und G. Küppers: Quotenpuderzucker – Der Zuckermarkt und die Agrarpolitik der EU. Internet: www.ila.bonn.de/artikel/266quotenpuderzucker.htm (zuletzt am 5. Februar 2004).

Neureuther, J.: Bewährte Zuckermarktordnung beibehalten. Internet: www.fdp-worms.de/presse_detail.php?nr=48 (zuletzt am 4. Februar 2004).

N.N.: EU-Kommission kommt europäischer Zuckerindustrie entgegen - EU-Agrarpolitik im Zeichen der Zuckerlobby. „Infozentrum der Zuckerverwender", Internet: www.izz-info.de/presse01.html#sieben (zuletzt am 26. November 2003).

N.N.: Heimische Knolle contra Zuckerhut. „NGZ-ONLINE", Internet: www.ngz-online.de/ngz/news/kreisneuss/2003-1021/zuckerruebe.html (zuletzt am 25. November 2003).

N.N.: Die EU-Zuckerexporte stehen vor dem Aus. „agrar-europe", Internet: www.agrar-europe.de/akt_meld/a_meld.htm (zuletzt am 2. August 2004).

N.N.: Fruchtfolge. „Landwirtschaftlicher Informationsdienst Zuckerrübe", Internet: www.liz-online.de/gi/ff/fruchtfolge1.htm (zuletzt am 14. Oktober 2004).

Oxfam International: The Great EU Sugar Scam. Internet: www.maketrade-afair.com/assets/english/27sugar.pdf (zuletzt am 10. Januar 2003).

World Trade Organization: European Communities – Export Subsidies on Sugar, complaint by Australia. „Report of the Panel", WT/DS265/R, 15. October 2004, Internet: www.wto.org. (zuletzt am 15. Dezember 2004).

Zimmermann, B.: 10.000 Tonnen Knollen rollen täglich heran. „Kölnische Rundschau", www.rundschau-online/euskirchen/3155778.html, (zuletzt am 27. Oktober 2002).

Sonstige Auskünfte und Mitteilungen

E-Mail Mitteilung: Herr M. Fischer, Hansa Melasse Handelsgesellschaft mbH, vom 21. August 2003.

Mündliche Auskunft: Herr Dr. J. Kohnke, Pfeifer & Langen, Köln, am 30. September 2004.

112

Mündliche Auskunft: Herr Dr. H. Müller v. Blumencron, Pfeifer & Langen, Mechernich, am 1. August 2003.

Schriftliche Mitteilung: Herr Dr. H. Ahlfeld, F.O. Licht, vom 4. April 2002.

Schriftliche Mitteilung: Herr O. Baron, WVZ, vom 7. März 2005.

Schriftliche Mitteilung: Herr C. Bertram, WVZ, vom 19. Januar 2000.

Schriftliche Mitteilung: Herr Dr. H. Esser, Pfeifer & Langen, vom 13. März 2000.

Schriftliche Mitteilung: Herr G. Kullmann, Pfeifer & Langen, vom 10. März 2000.

Schriftliche Mitteilung: Herr H. Mugele, Zuckerfabrik Jülich AG, vom 22. Februar 2000.

Schriftliche Mitteilung: Herr H. Schwichtenberg, Bundesverband Güterkraftverkehr Logistik und Entsorgung (BGL) e.V., vom 14. August 2002.

Telefonische Auskunft: Herr Dr. P. Kasten, Rheinischer Rübenbauernverband, Bonn, vom 1. Oktober 2004.

Peter Lang · Europäischer Verlag der Wissenschaften

Helge Beyer

Kosten-nutzen-analytische Beurteilung der Auswirkungen der GAP-Reform 2003 auf den EU-Getreidesektor

Frankfurt am Main, Berlin, Bern, Bruxelles, New York, Oxford, Wien, 2005.
XVIII, 179 S., zahlr. Abb. und Tab.
Europäische Hochschulschriften: Reihe 5, Volks- und Betriebswirtschaft. Bd. 3129
ISBN 3-631-53894-4 · br. € 39.–*

Vor dem Hintergrund zunehmender Marktungleichgewichte, steigender Budget-belastungen und welthandelspolitischer Anforderungen hat der Europäische Rat von Luxemburg am 26.06.2003 eine Reform der Gemeinsamen Agrarpolitik (GAP) beschlossen. Kernpunkte der Reform bei Getreide sind die Entkopplung, Option zur Regionalisierung sowie Kürzungen der einzelbetrieblichen Direktzahlungen. Im Rahmen dieser Arbeit werden die Wohlfahrts- und Verteilungswirkungen der GAP-Reform 2003 auf den EU-Getreidemärkten analysiert und beurteilt. Die Ergebnisse der Untersuchung weisen im Vergleich zur Fortsetzung der Agenda 2000 auf nur moderate gesamtwirtschaftliche Auswirkungen hin. Insgesamt führt die Reform im Zeitraum von 2005 bis 2010 zu einem Wohlfahrtsgewinn im Getreidesektor in Höhe von ca. 1,1 Mrd. Euro.

Aus dem Inhalt: Rahmenbedingungen auf den Welt- und EU-Getreide-märkten · GAP-Reform im Rahmen der Halbzeitbewertung der Agenda 2000 · Theoretische Konzeption der kosten-nutzen-analytischen Bewertung der GAP-Reformmaßnahmen · Kosten-nutzen-analytische Bewertung der GAP-Reformmaßnahmen für den EU-Getreidesektor · Vergleichende Beurteilung der GAP-Reformmaßnahmen · Schlussfolgerungen

Frankfurt am Main · Berlin · Bern · Bruxelles · New York · Oxford · Wien
Auslieferung: Verlag Peter Lang AG
Moosstr. 1, CH-2542 Pieterlen
Telefax 00 41 (0) 32 / 376 17 27

*inklusive der in Deutschland gültigen Mehrwertsteuer
Preisänderungen vorbehalten
Homepage http://www.peterlang.de